Michael Siegmund

Philosophieren mit Kindern: Ein Handbuch

Spielend leicht die Welt ent-decken. Mit zahlreichen Spielen, Themen und Ideen

Herstellung und Verlag:
Books on Demand GmbH, Norderstedt 2011
ISBN: 9783842368552
2. Auflage, 2011
mit 55 Abbildung in s/w ,
Text: Michael Siegmund
Fotos und Zeichnungen: Annemarie Cario, Michael Siegmund
Bibliografische Information der Deutschen Bibliothek: Die Deutsche Bibliothek verzeichnet diese Publikation in der Deutschen National-bibliografie; detaillierte bibliografische Daten sind im Internet über http://dnb.ddb.de abrufbar.

Inhalt:

Vorwort *und* Einführung ins Handbuch

Philosophieren mit Kindern… Das weckt in jedem Menschen unterschiedliche Assoziationen. Meistens hat man es mit einer ganzen Reihe von Verunsicherungen bei den „Erwachsenen“ zu tun: Philosophie und Kinder? Passt das überhaupt zusammen? Können Kinder überhaupt „philosophieren“? Philosophie: Ist das nicht eher Sache von Professorinnen und Professoren[1] an einer Universität? WIE soll man denn mit Kindern philosophieren? Und WORÜBER denn?

In den letzten Jahren und Jahrzehnten ist eine Vielzahl von Büchern zu den Themen „Philosophie für Kinder“ und „Mit Kindern philosophieren“ erschienen. Einige sind eher praktisch orientiert, andere ziemlich theoretisch. Das populärste Buch dürfte wohl Jostein Gaarders grandioser philosophischer Jugendroman „Sofies Welt“ sein.

Ich werbe in diesem Buch für ein SEHR WEITES Philosophieverständnis. Philosophie verstehe ich hier als etwas, dass nichts mit der (oft verstaubten und langweiligen) Hochschul-Philosophie zu tun hat, sondern als et-

---

[1] Alle Leserinnen bitte ich um Nachsehen, wenn ich im nachfolgenden Text nicht mehr „Professorinnen und Professoren“, „Schülerinnen und Schüler“, „Lehrerinnen und Lehrer“ usw. schreibe, sondern zur besseren Lesbarkeit sämtliche Personenbezeichnungen auf beiderlei Geschlecht beziehe. Vielen Dank.

was, was wir Tag für Tag selbst betreiben und erleben – in verschiedenen Formen. Was ist Philosophie? Sie ist ALLTÄGLICH und in so vielen Äußerungen und Ideen der Kinder enthalten. Die Begegnung von Kindern mit ihrer Um-Welt ist an sich schon philosophisch. Diese ENT-DECKUNGEN können ungemein SPANNEND sein. Für Kinder, wie für Erwachsene.

Bewusst will ich keine Definition von „Philosophie" oder „Philosophieren" versuchen. Meine Assoziation zu beiden Begriffen hat mit freiem gedanklichen Schweifen, mit einer anregenden, ungezwungenen Atmosphäre als GRUNDHALTUNG zu tun. Was „Philosophie" für Sie bedeutet, weiß ich nicht. Vielleicht gehen unsere Vorstellungen zur „Philosophie" in eine ähnliche Richtung. Ich bin davon überzeugt, dass Kinder an sich schon Philosophen sind. Viele Erwachsene neigen oftmals dazu, INTERESSANTE GEDANKEN von Kindern als „naiv" abzustempeln oder zu belächeln. Kinder sind dann bestenfalls „kleine Philosophen" oder „Philosophen-Karikaturen". Ich halte nichts von diesem „Erwachsenen-Hochmut". Mir ist ein Kind, das durch seine Ideen, durch sein Staunen und durch sein Hinterfragen die Welt betrachtet, in seiner PHILOSOPHISCHEN DIMENSION tausendmal lieber als jeder Erwachsene, der es VERLERNT hat (wodurch eigentlich?), Philosophie betreiben zu können.

In der Vergangenheit hatte ich vielfältige Gelegenheiten mit Kindern philosophieren zu können – ob auf dem

Fußballplatz, in Kinderkliniken, in Schulen, Kinder-Uni-Seminaren, im familiären Umfeld oder anderswo. Immer wieder habe ich dabei die Erfahrung gemacht, dass es für beide Seiten – für mich als Erwachsenen und für die Kinder – ein großer GEWINN sein kann, über Dinge zu philosophieren, die wir im alltäglichen Leben manchmal übersehen, Fragen zu stellen, die wir „normalerweise" nicht stellen würden, etwas so zu betrachten, wie wir es zuvor noch nie betrachtet hatten. Natürlich konnte und kann ich auch mit Erwachsenen wunderbar philosophieren. Der ZUGANG ist jedoch bei Kindern ein ganz anderer. Meine Beobachtung ist: Kinder sind für das Philosophieren sehr zugänglich, zugänglicher als die meisten Erwachsenen es je sein könnten. Kinder machen sich Gedanken, wie die Welt und Teile von dieser Welt funktionieren. Sie hinter-FRAGEN vieles und be-ZWEIFELN andauernd. Sie STAUNEN über Dinge, die bei uns Erwachsenen oft nicht einmal wahrgenommen werden. Ich behaupte nicht, dass Kinder die „idealen" Philosophen seien. Was sollte das schon sein? Ein „idealer Philosoph"? Kinder sollten nicht in Schubladen gesteckt werden. Wir Erwachsenen können das Individuelle und Einzigartige in jedem Kind entdecken und wertschätzen. Sich an den kindlichen BEDÜRFNISSEN orientieren, an der kindlichen Subjektivität: das ist eine der Aufgaben und Herausforderungen für alle Erwachsenen, die Umgang mit Kindern haben.

Das gilt erst recht für das Philosophieren mit Kindern. Ich warne davor, Kinder mit Sokrates, Nietzsche und anderen „großen“ Philosophengestalten direkt zu begegnen. Damit habe ich keine guten Erfahrungen gemacht. Ich warne auch davor, nach einer „richtigen“ Methode suchen zu wollen, WIE man mit Kindern am besten philosophieren könnte. Es gibt nicht DIE „richtige“ METHODE, es gibt nicht DEN „richtigen“ ZUGANG. Ich lade Sie herzlich dazu ein, zu experimentieren, selbst mit Kindern zu philosophieren, es zu probieren. Finden Sie IHRE Methode, finden Sie IHREN Zugang, finden Sie IHREN Weg. Das alles ist so individuell wie die Beziehung, die Sie zu einem Kind oder verschiedenen Kindern haben. Ob in der Familie als Vater/Mutter, ob in der (Grund)Schule als Lehrer, ob als Fußballtrainer oder als Erzieherin in der Kita: Es gibt so viele MÖGLICHKEITEN, Räume und Orte, wo Kinder und Erwachsene zusammen philosophieren können. Lauschen Sie den interessanten Äußerungen der Kinder: Das ist PHILOSOPHIE PUR!

TIPP: Dieses Handbuch ist als PHILOSOPHIE-SUPERMARKT gedacht: Sie finden darin eine große Auswahl an unterschiedlichen Themen, Ideen und Spielen. Greifen Sie zu und probieren Sie aus, was Sie anspricht und interessant klingt. Was Sie nicht wollen, lassen Sie stehen. Blättern Sie ruhig weiter!

Jede der hier vorgestellten Ideen, Themen und Spiele ist immer als IMPULS zu verstehen. Lassen Sie sich inspirieren. Aber: Sie MÜSSEN NICHT so vorgehen, wie beschrieben. Sie können variieren, erweitern, kürzen, wie Sie wollen!

Und auch wie Sie dieses Buch lesen, sei natürlich ganz Ihnen überlassen. Sie können es „klassisch“ von vorne nach hinten durchlesen. Ich empfehle, es nach Lust und Laune aufzuschlagen, ruhig auch nach dem Zufallsprinzip zu durchblättern. Das Buch ist so aufgebaut, dass Sie jedes Spiel, jedes Thema als eigenständigen Teil lesen können, ohne Vorkenntnisse der vorangegangenen Teile. Einiges, das Sie lesen werden, wird Ihnen VERTRAUT vorkommen. Ich habe bewusst Spiele und Themen gesammelt, die mir intuitiv in den Sinn kamen, wenn ich mit Kindern philosophierte oder wenn ich selbst als Kind mit Erwachsenen philosophierte und mich nun wieder daran erinnere.

Noch diese Bitte: Ich bin davon überzeugt, dass JEDES Kind philosophieren kann – wenn man die GELEGENHEITEN dazu schafft. SCHAFFEN SIE diese Gelegenheiten. Schaffen Sie Frei-Räume, Frei-Zeiten, so ganz individuell, wie Sie es für richtig halten.

Zuletzt noch die Frage: WOZU? WOZU das alles – WOZU mit Kindern philosophieren? Was meinen Sie?

Viel Spaß beim ent-decken des Handbuches

Ihr Michael Siegmund

Das sind Felix, Nils und Eric (von links nach rechts). Die drei werden Sie durchs Buch begleiten.

Die Welt auf einem Tisch

Dass eine Vielzahl unserer täglichen Lebensmittel – von Autoteilen, Elektronikartikeln und weiteren Gebrauchsgegenständen ganz zu schweigen – heute aus allen Teilen der Welt zu uns herangeschafft wird, ist so banal wie spannend. Oftmals vergessen wir, dass wir uns in jedem Supermarkt an einer FÜLLE von Früchten, Gemüse, Getränken, Fleisch- und Fischsorten, Tees und Kaffeemischungen usw. bedienen können. So oft betreten wir den Supermarkt und sind blind geworden für einen Reichtum an Lebens-Mitteln. Selbst die Ärmsten Deutschlands können heute aus einem Angebot wählen, vor dem selbst Päpste, Kaiser und Fürsten des Mittelalters vor Neid erblasst wären. Kinder wachsen in diese Welt der Versorgungsfülle hinein und kennen – glücklicherweise! – keine Zeiten der Entbehrung, des Leids und des Hungers.

Ich habe die Erfahrung gemacht, dass Kinder erstaunt sind, wenn man ihnen zeigt, woher die Lebensmittel kommen, die sie jeden Tag essen und die sie kennen. Folgendes Spiel bietet sich an, das ich „Die Welt auf einem Tisch“ nenne.

SPIEL: Die Welt auf einem Tisch

SCHULE, FAMILIE usw.[2]
Alter: ab 8 Jahre[3]

VORBEREITUNG: In einem Supermarkt werden verschiedene Lebensmittel gekauft. Besonders Obst und Gemüse bieten sich an, da dort die Herkunftsorte besonders leicht zu erkennen sind. Zu jedem Lebensmittel notieren Sie sich das Ursprungsland. Zudem benötigen Sie noch eine große Landkarte der Erde, möglichst mit gut erkennbaren Ländergrenzen und -bezeichnungen. Weiterhin wären kleine Fähnchen oder ähnliches hilfreich. Die Karte pinnen Sie am besten auf eine Styroporplatte. So bleiben später die Fähnchen stecken.

Nun geht es los! Legen Sie alle Lebensmittel auf einen Tisch. Machen Sie vielleicht eine Art Quiz und lassen Sie die Kinder raten, wo welches Lebensmittel herkommt. Sieht es eher exotisch aus? Oder könnte es auch hier in der Nähe wachsen oder produziert worden sein? In welcher Jahreszeit befinden wir uns gerade? Sie können diesen Rate-Teil des Spiels auch unterstützen, indem Sie Punkte verteilen oder sich Belohnungen ausdenken. Parallel dazu können Sie die kleinen Fähnchen in die Karte stecken und den Lebensmitteln so auch optisch ihren Ursprungsländern zuordnen.

---

[2] Dort können Sie dieses Spiel BEISPIELSWEISE anwenden. Das „usw." zeigt: Es geht auch in anderen Bereichen: Ob in Kinderfreizeiteinrichtungen, Sport-Vereinen, Kinderkrankenhäusern etc. Auch bei den folgenden Spielen/ Themen habe ich diese Form beibehalten.

[3] Das Alter ist immer als EMPFEHLUNG zu verstehen. Sie können sich daran orientieren, müssen es aber nicht. Einfach ausprobieren!

Der „Sinn“ oder das „Ziel“ des Spiels ist es mitnichten, den Kindern spielerisch Geografie, Länderkunde, Botanik oder ähnliches nahezubringen. Vielmehr bietet dieses Spiel die Chance, mit Kindern über vielfältige Dinge PHILOSOPHIEREN zu können. An Lebensmitteln und Ländern hängen meist viele Geschichten, die erzählt werden wollen. Das „Die Welt auf einem Tisch“-Spiel visualisiert auch ganz konkret das, was immer wieder unter dem Stichwort „Globalisierung“ diskutiert wird. Möglicherweise können Sie die Chance beim Spielen nutzen und mit den Kindern über die Folgen von Globalisierung sprechen. Ist Globalisierung „gut“? Für wen? Weil wir damit volle Supermarkt-Regale haben? Hat dieser Reichtum auch negative Seiten?

TIPP: Philosophieren Sie ganz nach den Wünschen und Vorlieben der Kinder. Sie müssen ja nichts erzwingen. Schauen Sie einfach, was kommt, welche Ideen, wo Sie anknüpfen können und was die Kinder interessiert.

Im Detail eine ganze Welt

Viele Menschen neigen dazu, ihre Welt nicht nur als die einzig richtige und sinnvolle zu betrachten, sondern auch völlig unzugänglich für Perspektivwechsel zu sein. Ein Perspektivwechsel… Was heißt das? Für mich etwa war es stets interessant und manchmal sehr lehrreich, meine Perspektive auf die Dinge um mich herum zu ändern. Jeder, der schon einmal in einem Flugzeug saß, mag dieses Gefühl kennen: Viele Probleme „dort unten auf der Erde" erscheinen plötzlich kleiner, WEIT WEG. Häuser, ganze Städte wirken wie Miniatur-Ausgaben, Autos wie Spielzeug. Umgekehrt ist es faszinierend, GANZ NAH Dinge betrachten zu können. Als Schulkinder betrachteten wir kleine Lebewesen unter dem Mikroskop oder fingen eine Biene in einem Gurkenglas. Dort im Glas konnten wir in aller Ruhe das ärgerlich summende Honigmaul betrachten – mit allen Details. Kleine Härchen, Fühler, seltsame Werkzeuge am Mund, die hauchdünnen Flügel der Biene: jedes Detail konnte von uns Kindern in Ruhe betrachtet werden. Das Detail-Spiel können Sie praktisch in jeder Situation an allen möglichen Orten spielen. Ob im Schulzimmer, in der Kita, zuhause in der Küche und natürlich besonders in der freien Natur: In fast jedem Detail steckt eine ganze Welt!

SPIEL: Im Detail eine ganze Welt

KITA, SCHULE, FAMILIE usw.
Alter: ab 4 Jahren

VORBEREITUNG: Das bloße Auge ist die Grundlage für „Detail-Erkundungen". Daneben gibt es vielfältige optische Augen-Optimierungskonstruktionen, wie die LUPE, die oftmals für wenige Euro käuflich erworben werden kann. Detail-Lupen haben eine bessere Vergrößerungsleistung als klassische Lese-Lupen. Auch der Einsatz von Mikroskopen kann Kindern einen Zugang zur Welt der Details erschließen.

Lassen Sie die Kinder nach Details in ihrer Umgebung suchen. Auch hier gilt: Machen lassen! Suchen lassen! Die Kinder folgen meist ihren natürlichen Interessen. Nach der Detail-Expedition können Sie womöglich spannenden Forschungsberichten lauschen. Dabei steht die Tür zur philosophischen Auseinandersetzung mit dem Thema „Im Detail eine ganze Welt" weit auf.

ERWEITERUNG DES SPIELS: Je nach Interesse und Gelegenheit ist eine Erweiterung des Detail-Spiels möglich. Die Auseinandersetzung der Kinder mit der „Welt der kleinen Dinge" bietet einen hervorragenden Einstieg in die Frage, woraus eigentlich die Lebewesen, die Gegenstände um uns herum bestehen? Wie stellen sich Kinder diese Bausteine vor? Sie können von Atomen berichten, die auch wiederum aus Bausteinen bestehen, die wiederum aus… Fragen Sie, ob so etwas wie ein kleinstes Teilchen überhaupt existieren kann, wie es aussieht, wie die Kinder sich das vorstellen usw.

Experte! Profi!

Zu einer „echt guten“ Nachrichtensendung gehört fast immer ein „EXPERTE“, der zu seinem Fachgebiet befragt wird und den „LAIEN“ Expertenwissen präsentiert. (Über Qualität und Sinn dieser „Experten“-Befragung lässt sich natürlich trefflich streiten...) In Talkshows, an der Uni, an den Instituten: Überall tummeln sich Experten. Ernannte und Selbsternannte. Zumindest aber gibt es diese Trennung: Dort die Experten mit ihrem Expertenwissen, hier die Laien, die „Nicht-Experten“. Ich halte diese Trennung für wenig aussagekräftig, denn im täglichen Leben haben wir es niemals mit bloßen „Laien“ zu tun. Jeder Mensch, auch jedes Kind ist auf einem bestimmten Gebiet „Experte“. JEDER hat sein Fachgebiet. Viele Menschen haben sogar mehrere Themen, Gebiete, Bereiche, in denen sie sich hervorragend auskennen. Meine Oma will nicht glauben, dass auch sie irgendwo „Profi“ sei, eine echte „Expertin“. Dabei kann sie mir stundenlang Gartentipps und –erfahrungen geben. Jahrzehntelang pflanzte sie Gemüse, Obst und Blumen und gewann wertvolles Wissen, das oft „besser“ ist als das Datenbankwissen aus dem Internet. So gesehen leben wir in einer Welt der Fußball-Profis, der Orchideen-Züchter, der Web-Experten, der Bastel-Profis usw. Selbst exzessive TV-Konsumenten sind Profis auf einem Gebiet: Fernsehen (ganz ohne Zynismus gesprochen!).

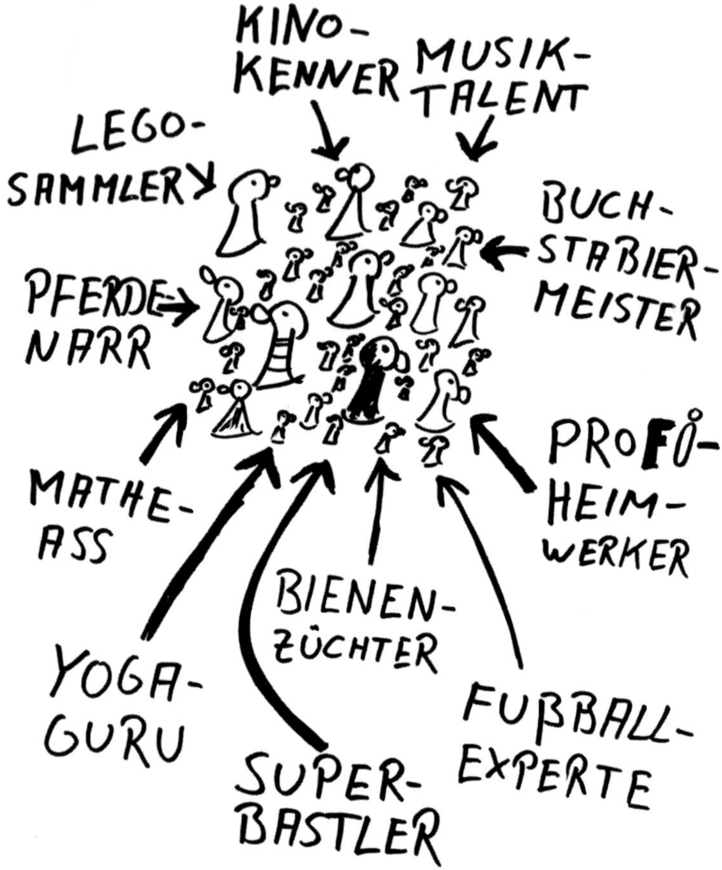
KINO-
KENNER
MUSIK-
TALENT
LEGO-
SAMMLER
BUCH-
STABIER-
MEISTER
PFERDE-
NARR
MATHE-
ASS
PROFI-
HEIM-
WERKER
BIENEN-
ZÜCHTER
YOGA-
GURU
FUßBALL-
EXPERTE
SUPER-
BASTLER

THEMA: Experte! Profi!

SCHULE, FAMILIE usw.
Alter: ab 6 Jahren

VORBEREITUNG: Für dieses Thema brauchen Sie keine großangelegte Vorbereitung. Vergegenwärtigen Sie sich, was eigentlich IHRE PROFI-GEBIETE sind. Wenn Sie meinen, Sie hätten keine, irren Sie! Fragen Sie Ihre Freunde, Ihre Familie, Ihre Bekannten! Auf welchem Gebiet sind Sie besonders „fit"? Worüber könnten Sie sich stundenlang mit jemandem unterhalten? Machen Sie sich daraufhin bewusst, dass auch Kinder Profis sind. Manche Kinder erzählen Ihnen jedes Detail Ihrer Pokémon-Sammlung, einige Kinder sind Karate-MEISTER, andere können die Melodien hunderter Lieder auswendig! Es ist faszinierend und genial!

Philosophieren Sie mit Kindern und Jugendlichen über ihre Profi-Gebiete. Dabei geben Sie ein Gefühl der Wert-Schätzung. Hören Sie den „kleinen Profis" zu und zeigen Sie, dass das Expertenwissen und das Expertenkönnen der Kinder wert-voll ist. Philosophieren Sie auch darüber, dass es ein Wert an sich ist, wenn Kinder als Profis irgendwo mehr „Ahnung haben" und „drauf haben" als andere Kinder. Damit stärken Sie das Selbstvertrauen. In Schulklassen können Kinder beim gemeinsamen Philosophieren über ihre Profi-Gebiete erkennen, dass jedes Kind ein Profi ist. Wichtig ist auch hier eine offene Atmosphäre des freien Dialogs.

Von hier oben sieht alles so klein aus…

Im Detail-Spiel klang es schon an: Manchmal sieht die Welt um uns herum viel kleiner aus, als wir das sonst kennen. Vor einigen Jahren habe ich mit einem Hobbypiloten über seine Lieblingsbeschäftigung – dem Fliegen – gesprochen. Ich wollte auch wissen, warum er genau fliege. Es sei weniger die Landschaft unter ihm und das Fliegen an sich, die ihn begeisterten, sagte er. Vielmehr könne er in seiner kleinen Propellermaschine „perfekt entspannen“, wie er meinte. „Ich steige ein, starte und bin über den Dingen. Alles ist weit weg. Meine Probleme werden zu Problemchen. Meine Sorgen lösen sich auf wie kleine Wolken im Sonnenschein. Alles löst sich und ich kann mich zurücklehnen und durchatmen.“ Während er mir das erzählte, lächelte er. Zum einen war es interessant zu hören, wie er das Fliegen mit Entspannung gleichsetzte. Noch aufschlussreicher war allerdings der Satzfetzen: „…und bin über den Dingen.“

Man muss nicht gleich mit Kindern eine organisierte Flugtour durchführen. In fast jeder größeren Stadt bietet sich folgendes Spiel an:

SPIEL: Von hier oben sieht alles so klein aus…

SCHULE, FAMILIE usw.
Alter: ab 8 Jahren

VORBEREITUNG: Der (kosten)günstigste Weg, die Dinge einmal „von oben zu betrachten“, ist das Erklimmen eines TURMES. Am besten bieten sich Kirchtürme an. In Großstädten locken auch Hochhäuser und Fernsehtürme. Daneben wären noch Schlösser und Burgen auf Bergen eine Möglichkeit. Bereiten Sie die „Turm-Besteigung“ vor, indem Sie genug Zeit einplanen und die Kinder fragen, ob sie Höhenangst haben oder nicht. Für ein Kind mit Höhenangst ist dieses Spiel total ungeeignet, weil es die meiste Zeit mit sich und seiner Angst beschäftigt sein wird und die Höhe zu keiner Zeit mit etwas Positivem, Öffnendem assoziieren wird.

Nutzen Sie die Gelegenheit beim Betrachten der Stadt und der Landschaft von weit oben hinab zum Philosophieren. Erfahrungsgemäß staunen Kinder auf Aussichtspunkten über die Winzigkeit von Autos, Häusern usw. Hier können Sie fragend anknüpfen: Wie wirkt die Aussicht auf dich? Was denkst/empfindest du? Wie sehen die Menschen dort unten aus? Wohin gehen sie? Woher kommen sie? Was treibt sie wohl an? Eine philosophische Frage könnte auch lauten: Wenn ein Turmwärter immer hier oben arbeiten würde und Ausschau halten könnte, wie würde er die Welt von hier oben wohl betrachten? Was meinst du? Wie würdest du die Welt von hier oben als Turmwärter betrachten?

Ist Müllrausbringen Arbeit?

Innerhalb der Philosophie und der Wirtschaftswissenschaft gibt es bis heute keine allgemein anerkannte Definition von „Arbeit“. Was ist Arbeit? Was nicht? „Arbeitet“ ein Professor, wenn er in seiner „Freizeit“ an der Ostsee ein Buch liest und sich darin wichtige Sätze anstreicht und seine Gedanken zusätzlich dazu notiert? Muss Arbeit immer NÜTZLICH sein? Wie kann man diese Nützlichkeit dann feststellen? Ist es „nützlich“ ein Buch über das Philosophieren mit Kindern zu schreiben? Muss Arbeit anstrengend sein? Wenn ein Gärtner so viel Freude an seinen Blumen und Bäumen hat, dass er es kaum erwarten kann, wieder in die Gärten zu gehen und dort zu „arbeiten“ – ist es dann immer noch „Arbeit“ oder nicht eine Art Hobby, Spaßbeschäftigung? Kann man die Zeitinvestition eines Bildhauers in seine neue Skulptur auch als „Arbeitszeit“ bezeichnen oder ist sie etwas ganz anderes? Künstlerzeit? SCHÖPFUNGS-Zeit? Gibt es rein GEISTIGE Arbeit? Wie sieht die aus?

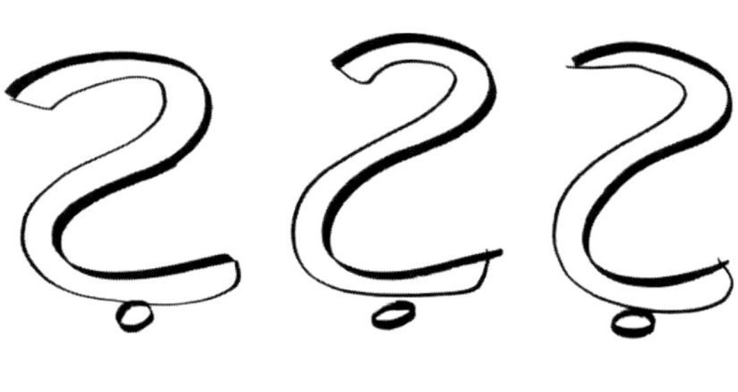

Wenn ich an den Zusammenhang zwischen Arbeit und Anerkennung denke, fällt mir das Beispiel aus einer Familie ein, die ich gut kenne: Drei Brüder – alle Mitfünfziger - leben mit ihren Familien nahe beieinander und sehen sich oft. Alle aus der Familie –Eltern, Großeltern und Kinder – arbeiten „bodenständig" als Bauarbeiter, Handwerker oder Bauern. Und das schon seit Generationen. Einer der drei Brüder wollte unbedingt studieren und machte seinen Bauingenieur an einer Universität – gegen den Widerstand der gesamten Familie. Heute leitet er ein eigenes Ingenieurbüro mit vier Angestellten und verdient gut – viel mehr als seine beiden anderen Brüder. Dennoch ist er unzufrieden, denn ihm fehlt die Anerkennung seiner Brüder für den Beruf und die Arbeit, die er macht. Für seine beiden Brüder ist er ein „Bürostuhlsitzer“, der mit „Nichtstun Geld verdient“. Dass ihr Bruder große Verantwortung übernehmen, manchmal bis in die Nacht E-Mails beantworten und Planungen machen muss, sehen sie nicht als „Arbeit“ an. Für sie hat „Arbeit“ in erster Linie etwas mit „körperlich anstrengender“ Tätigkeit zu tun, die in geregelten Arbeitszeiten routinemäßig abgespult wird.

Das Thema „Arbeit“ ist nicht nur für Erwachsene wichtig, sondern erst recht für Kinder. Die vorherrschende Meinung in der Gesellschaft ist, dass Kinderarbeit an sich schon „schlecht“ und verwerflich ist. In meinem Studium der „Angewandten Kindheitswissenschaften“ konnte ich allerdings einen differenzierten Blick auf das Thema „Kinderarbeit“ gewinnen. Oftmals empfinden Kinder viele Tätigkeiten, die sie machen – von Gartenarbeit, über Haushaltshilfe und Kinderbetreuung - überhaupt nicht als „Arbeit“. Zudem bekommen Kinder über kleine Arbeiten, die sie verrichten, etwa Zeitungsaustragen, WERT-SCHÄTZUNG. Sei es durch die Eltern, Freunde oder durch sich selbst. Doch wo beginnt dann die Ausbeutung? Zeit für das Philosophieren darüber!

THEMA/ SPIEL: Ist Müllrausbringen Arbeit?

SCHULE, FAMILIE usw.
Alter: ab 7 Jahren

VORBEREITUNG (besonders für Familien): Wenn Sie mit einzelnen Kindern über das Thema „Arbeit“ philosophieren möchten, sind verschiedene Formen denkbar. Sie können mit dem Kind über Berufe und menschliche Tätigkeiten sprechen und darüber philosophieren, was eigentlich der Unterschied zwischen „FREI-Zeit“ und „ARBEITS-Zeit“ ist. Zeigen Sie, dass manchmal beides verschwimmt und bei einigen „Berufen“ überhaupt nicht unterscheidbar ist. (Vor allem bei künstlerisch und geistig-kreativen Menschen.) Genial wäre es, wenn Sie mit einem Kind eine Art „Arbeitswelten-Tag“ planen und einige Berufe praktisch „erkunden“. Viele Betriebe, Branchen, Kleinunternehmen usw. sind dabei denkbar. Fragen Sie nach den Interessen des Kindes. Fragen Sie, hinter welche „Kulissen“ das Kind schauen möchte.

Bei so einem Arbeitswelten-Tag ergeben sich vielfältige Möglichkeiten, mit einem Kind über Arbeit zu philosophieren. Es sieht, dass es verschiedene „ARBEITS-WELTEN gibt, diverse Tätigkeiten, die als „Arbeit“ bezeichnet werden oder eben nicht. (Je nach Perspektive – denken Sie an das Beispiel der drei Brüder!) Philosophieren Sie auch über die Tätigkeiten des Kindes selber. „Arbeitet“ es bereits? Wenn ja, wo und wie? Warum ist Müllrausbringen für fast alle Kinder „doof“ und wird als „Arbeit“ angesehen, intensives Rumtollen mit anderen Kindern aber nicht? Philosophieren Sie über den Zusammenhang zwischen Arbeit und Spaß.

VORBEREITUNG (besonders für Schulen): In Schulklassen habe ich mehrfach das folgende Spiel als Einstieg in das Thema „Arbeit“ erprobt. Es funktioniert hervorragend. Probieren Sie es einfach einmal aus: Als erstes benötigen Sie etwa ein Dutzend Bilder von verschiedenen Berufen oder menschlichen Tätigkeiten (z.B. ein Manager beim Meeting, ein Feuerwehrmann beim Löschen eines brennenden Hauses, ein Lehrer (!) beim Unterrichten, ein Gärtner, ein Tierpfleger usw.). Fügen Sie zum Schluss noch ein paar Bilder von einzelnen Kindern hinzu. Nun denken Sie sich kleine „Geschichten“ zu den abgebildeten Personen aus. Wie heißt der Feuerwehrmann? Was sind seine Aufgaben? Was macht er? Zu den Kinder-Bildern können Sie sich auch einzelne Tätigkeiten ausdenken: „Das ist Anica. Sie ist 10 Jahre jung. Nach der Schule muss sie noch drei Stunden auf ihren kleinen Bruder Max aufpassen.“ Oder: „Das ist Jan. Er will sich etwas Geld für ein neues Fahrrad verdienen und trägt jeden Samstag Zeitungen aus.“

Lassen Sie nun die Kinder über die Frage philosophieren, WAS Arbeit ist und was NICHT. Bei jedem Bild, das Sie plus Geschichte präsentieren, können die Kinder in eine Seite des Klassenzimmers gehen. Eine Seite des Klassenzimmers steht für „Das ist ganz klar Arbeit!“, die andere Seite für „Das ist niemals Arbeit!“ Unentschlossene Kinder bleiben in der Raummitte stehen. Philosophieren Sie mit den Kindern darüber, WARUM sie einzelne Tätigkeiten von Kindern und Erwachsenen als „Arbeit" empfinden, andere jedoch NICHT.

Die erste Ursache

Eine der Fragen, die sich Philosophen schon vor tausenden Jahren im antiken Griechenland stellten, war die Frage nach der „ERSTEN URSACHE“. Damit ist gemeint, dass sich alles auf irgendetwas zurückverfolgen lässt. Ganz am Anfang muss/kann es eine „erste“ Ursache gegeben haben. Meistens wurde diese erste Ursache mit GOTT beantwortet. Daneben gibt es die philosophische Überlegung, dass auch ALLES IMMER SCHON DA-GEWESEN ist und keine „erste Ursache“ existierte. Mit Kindern über diese Fragen zu philosophieren kann Spaß machen und erstaunliche Antworten hervorbringen.

SPIEL: Die erste Ursache

SCHULE, FAMILIE usw.
Alter: ab 8 Jahren

VORBEREITUNG: Für dieses Spiel brauchen Sie keine.

Am besten funktioniert dieses Gedankenspiel mit geschlossenen Augen. Betrachten Sie mit dem Kind gedanklich die Erde, die Sonne, Gebirge, Meere, Menschen, Städte usw. Philosophieren Sie darüber, dass das alles aus Materie besteht (mindestens!). Doch was war gaaaanz am Anfang? Fragen Sie das Kind. In Schulklassen sollten die Kinder sich ihre „Ursache“ merken und später davon erzählen. Auch hier gilt: Es gibt keine „richtigen“ oder „falschen“ Antworten.

Träumen wir immer?

Jeder – ob Kind oder Erwachsener – kennt diese Situation: Man wacht morgens auf und hatte einen (hoffentlich guten!) TRAUM, dennoch ist man noch nicht vollständig aus diesem Traum in die REALITÄT zurückgekehrt. Es ist so, als ob dieser Traum noch „nachschwingt", in die Realität mit hinüberschwingt. Die Grenze zwischen TRAUM und REALITÄT ist für einige Zeit (meistens nur für wenige Sekunden oder ein paar Minuten) VERSCHWOMMEN.

Nach dem Aufwachen notiere ich mir Träume, an die ich mich besonders gut erinnern kann. Ich will sie nicht deuten, sondern finde es spannend, zu sehen, was ich alles träume. Wäre es nicht faszinierend, seine Träume beeinflussen zu können, sich Traumwelten zu bauen im Schlaf? Der 2010 erschienene Film „Inception" (engl. für „Anfang"/ „Beginn") zeigt beeindruckend diese Möglichkeit der Traummanipulation. Im Film verschwimmen Traum und Realität. Nach dem Kinobesuch wirkte die sonst abstrakt klingende Frage „Ist unsere gesamte Realität ein Traum?" so stark auf mich, dass es etwas Schaurigschönes hatte.

THEMA: Träumen wir immer?

SCHULE, FAMILIE
Alter: ab 10 Jahren

VORBEREITUNG: Für dieses Thema brauchen Sie keine.

Finden Sie als erstes Anknüpfungspunkte bei den Kindern für die abstrakt klingende Frage „Träumen wir immer?" Vielleicht erzählen Sie vom eben genannten Beispiel mit der verschwimmenden Grenze zwischen Traum und Realität. Kennen die Kinder diese Situation? Wirken Albträume nicht furchtbar „echt" in den Augenblicken des Träumens? Was macht uns eigentlich so sicher, dass wir morgens „wirklich" aufwachen und nicht bloß „weiter-träumen"? Eben einen „anderen" Traum? Können wir sicher sein, dass wir „wach" sind? Wie denn? Philosophieren Sie über die Unterschiede zwischen Traum und Realität.

TIPP: Die Kunst beim Philosophieren mit Kindern besteht auch darin, den Kindern das Gefühl geben zu können, dass sie ALLES SAGEN DÜRFEN, was sie gerade denken. Das hört sich leicht an! In vielen Fällen (besonders in der Schule) können aber Kinder NICHT wirklich das sagen, was sie denken/fühlen. Ihre Antworten, Kommentare, Äußerungen sind oft sozial vorgegeben, d.h. Kinder denken darüber nach, wie bestimmte Äußerungen bei Erwachsenen ankommen und „verfälschen" sie damit. Das Philosophieren mit Kindern überwindet das im idealen Fall und schafft Raum für wirklich freies Denken.

Die Welt der Elektrogeräte

Philosophieren mit Kindern heißt auch, die ganz alltäglichen Dinge zu hinterfragen. Dinge, die uns schon gar nicht mehr auffallen, weil sie Bestandteile in unserem Leben geworden sind. Die Welt der ELEKTROGERÄTE etwa zählt dazu. Wir leben in einer Welt der permanenten Präsenz von elektronischen Geräten aller Art. Gerade tippe ich auf die Tasten eines (meistens) einwandfrei funktionierenden Laptops. Links neben dem Laptop liegen Diktiergerät und Mobiltelefon. An der gegenüberliegenden Wand befindet sich eine Digitaluhr. In der unter diesem Zimmer liegenden Garage schlummern Bohr- und Schleifmaschine und warten auf ihren Einsatz. Netzteile, Haartrockner, Farbdrucker, Kopierer, Lampen… Die Liste ließe sich beliebig weiterführen.

Für Kinder und Jugendliche ist besonders die Unterhaltungs- und Spielzeugelektronik interessant. Sinn und Zweck der elektronischen Geräte war und ist es eigentlich, uns das Leben zu erLEICHTern. Oft klappt das auch. Es ist für mich eine enorme Zeitersparnis, direkt einen Text in den Laptop tippen zu können. Die Alternative wäre eine handschriftliche Bekritzelung dutzender Blätter oder das Benutzen einer Schreibmaschine. (Wobei ich bei meiner grauenhaften Handschrift dem Verleger zuliebe wohl die Schreibmaschine wählen würde.)

Auch wenn uns elektronische Geräte das Leben häufig LEICHTER machen, so gibt es doch Kehrseiten der schönen neuen elektronischen Welt: Durch die erhöhte VerNETZung mit anderen Menschen (E-Mail, Mobiltelefon, Haustelefon usw.) sind wir fast ununterbrochen erreichbar geworden. Das wird von vielen Menschen als stressig und belastend empfunden. Zudem scheinen sich viele (vor allem junge) Menschen ohne ihr Mobiltelefon oder einen Internetzugang „unvollständig" zu fühlen, um es provokativ auszudrücken. Das Mobiltelefon erscheint da als „Tor" zur Welt, als „Kommunikationsportal". Fehlt es, tritt eine Art „soziale Isolation" ein.

Also: Auch wenn elektronische Geräte unser Leben bereichern und erleichtern, begeben wir uns doch oftmals in neue Abhängigkeiten. Häufig ohne es zu merken. Bei Kindern und Jugendlichen gilt das in ganz besonderem Maße. Die heute geborenen Kinder und Jugendlichen in den westlichen Ländern kennen keine Welt ohne Internet, Computer, Mobiltelefon, Gameboy, Playstation, iPhone und Co. Diese elektronischen Geräte gehören einfach zu ihrem täglichen Leben. An sich sind elektronische Geräte weder „gut" noch „schlecht". Es kommt darauf an, was wir mit ihnen machen, wie wir sie wahrnehmen, mit welchem BEWUSSTSEIN wir sie nutzen. Ein erster Schritt dahin ist, sich zu vergegenwärtigen, wann und wo welche elektronischen Geräte in unserem Leben präsent sind. Das nächste Spiel nenne ich „Elektronik-Forscher".

SPIEL: Elektronik-Forscher

SCHULE, FAMILIE usw.
Alter: ab 6 Jahren

VORBEREITUNG: Die Grundausrüstung für dieses Spiel ist eine DIGITALKAMERA. Die meisten Kinder und Jugendlichen sind heute bestens mit dem Umgang von digitalen Kameras vertraut. Wenn nicht, erklären Sie in Ruhe die Funktionen der Kamera. Wenn Sie wollen, können Sie einen kleinen „FORSCHER-PASS" oder „FORSCHER-AUSWEIS" mit dem Namen des Kindes basteln (besonders in Schulklassen zu empfehlen). Am besten im Visitenkartenformat.

Nun kann das Forscherspiel beginnen! Die Aufgabe: Die Kinder sollen einen Tag lang von morgens bis abends die Kamera bei sich führen und immer dann Fotos machen, wenn sie ein elektronisches Gerät sehen. Aufstehen – Digitaluhr – Foto. Frühstücken – Toaster – Foto. Zähneputzen – elektrische Zahnbürste – Foto. Mit dem Fahrrad zur Schule – Fahrradcomputer – Foto. Meistens können die Kinder am Ende des Tages Dutzende Bilder präsentieren und haben eine Menge Spaß dabei.

Danach können Sie über die Bilder und deren Bedeutung mit den Kindern philosophieren: „Kannst du dir eine Welt ohne elektronische Geräte vorstellen?", „Wie sähe diese Welt konkret aus?", „Was wäre in dieser Welt anders?", „Warum, glaubst du, gibt es so viele elektronische Geräte?", „Wer hat diese erfunden und gebaut?", „Was wird es wohl für Geräte in der Zukunft geben?"

ALTERNATIVES SPIEL: Eine Welt ohne Autos

SCHULE, FAMILIE usw.
Alter: ab 6 Jahren

Dieses Spiel ist eine Alternative zum Elektronik-Forscher-Spiel. Nicht nur elektrische Geräte haben unser Leben fundamental verändert, sondern auch Automobile. Philosophieren Sie mit Kindern über die Bedeutung der PKW, LKW und Motorräder für unser tägliches Leben (Waren- und Personentransport, Umweltauswirkungen, Verkehrsunfälle, Spaßfaktor, technischer Fortschritt…). Denken Sie darüber nach, wie Automobile unsere Umwelt geprägt haben und weiter prägen. Vergegenwärtigen Sie sich, dass unsere Städte größtenteils so aussehen, wie sie aussehen, weil es Autos gibt. Es mussten großangelegte, autofreundliche Straßen gebaut werden, Autobahnen, Bundesstraßen usw.
Philosophieren Sie mit Kindern auch darüber, wie sie diese „Autowelt“ wahrnehmen. Welche Bedeutung haben Automobile für das Leben der Kinder und Jugendlichen? Vielleicht können Sie auch darüber philosophieren, wie wohl eine autofreie (oder zumindest autoreduzierte) Welt aussehen könnte. Aus meiner Erfahrung heraus empfehle ich, diese interessanten VISIONEN in irgendeiner Form künstlerisch festzuhalten. Etwa über Bilder oder Kurzgeschichten.

MINI BILER
5 kr. pr. tur
Motorcykler
10 kr. pr. tur

Philosophische Einkehr: Den Denker beobachten

Kann man mit dem DENKEN AUFHÖREN? Für einen Moment? Auch nur für eine Sekunde? Versuchen Sie es einmal. Versuchen Sie einmal, an nichts zu denken. Probieren Sie es.

Mit dem Denken aufhören… Das können die wenigsten Menschen. Der in Kanada lebende deutsche Philosoph ECKHART TOLLE versucht in seinem Bestseller „Jetzt! Die Kraft der Gegenwart" genau so einen Weg aufzuzeigen. Wie kann man das Denken unterbrechen? Ich will hier einige Antworten Tolles auf die (kursiv gedruckte) Denkunterbrechungs-Frage wiedergeben:

PHILOSOPHISCHE EINKEHR:
Den Denker beobachten

„Du meinst, ganz mit dem Denken aufzuhören?
Nein, das kann ich nicht, außer vielleicht für einen kurzen Moment.

Dann benutzt der Verstand dich. Du bist unbewusst mit ihm identifiziert, deshalb weißt du nicht einmal, dass du sein Sklave bist. Es ist fast so, als seist du besessen ohne es zu wissen, und deshalb hältst du das Wesen, das dich besetzt, für dich selbst. Freiheit beginnt, wenn du erkennst, dass du mit dem Verstand, dem Denker, der dich im Zustand der Besessenheit hält, nicht identisch bist. Diese Erkenntnis befähigt dich, den Denker zu beobachten. Sobald du beginnst, den Denker zu beobachten, wird eine höhere Bewusstseinsebene aktiviert. Dann beginnst du zu erkennen, dass es einen enormen Bereich von Intelligenz jenseits des Denkens gibt, dass dein Denken nur einen winzig kleinen Aspekt dieser Intelligenz ausmacht. Du erkennst auch, dass alles, was dem Leben wahren Wert verleiht – Schönheit, Kreativität, Freude, innerer Friede -, seinen Ursprung jenseits des Verstandes hat. Du beginnst zu erwachen. […]

Anstatt den ‚Denker zu beobachten' kannst du genauso gut eine Unterbrechung im Strom der Gedanken schaffen, indem du deine Aufmerksamkeit vollkommen auf das Jetzt richtest. Mach dir einfach ganz intensiv den gegenwärtigen Moment bewusst. Das zu tun ist äußerst befriedigend. […]

(aus: Tolle, Eckhart: „Jetzt! Die Kraft der Gegenwart, Zwickau 2010, S. 31 u. S. 35)

Ich bin überzeugt davon, dass Eckhart Tolles Gedanken zum „Jetzt" und zur „Beobachtung des Denkers" auch im Philosophieren mit Kindern verwendet werden können. Kinder und Jugendliche leben oftmals viel intensiver im „Hier und Jetzt" als wir Erwachsenen. Versuchen Sie einfach einmal, mit Kindern über die „Kraft der Gegenwart" zu philosophieren. Dass nur der gegenwärtige Moment wirklich existiert und zählt. Dass wir uns selbst beobachten können. Dass wir über uns und unsere Gedanken selbst bestimmen können – von einer höheren Ebene aus.

Anfangs hatte ich die Befürchtung, dass Gedanken an das JETZT und DEN DENKER BEOBACHTEN eine „Nummer zu groß“ für das Philosophieren mit Kindern sind. Umso überraschter war ich, als mir einmal ein Mädchen aus der vierten Klasse sagte: „Ist doch ganz klar: Nur JETZT können wir miteinander sprechen! Alles andere ist Blödsinn. Ihr Erwachsenen denkt sowieso immer nur an MORGEN! Ihr verschiebt alles auf bald oder irgendwann!“ Ein anderes Mal sagte sie zu mir: „Dein Tipp, mich selbst zu beobachten, hat geklappt. Heute in der Deutschstunde bei Herrn K. war mir total langweilig und da habe ich das probiert. Ich habe mich beobachtet aber nur entdecken können, dass mir eben langweilig war…“ Damit hatte sie es aber geschafft: Wir können uns selbst beobachten. Der Beobachter beobachtet den Denker.

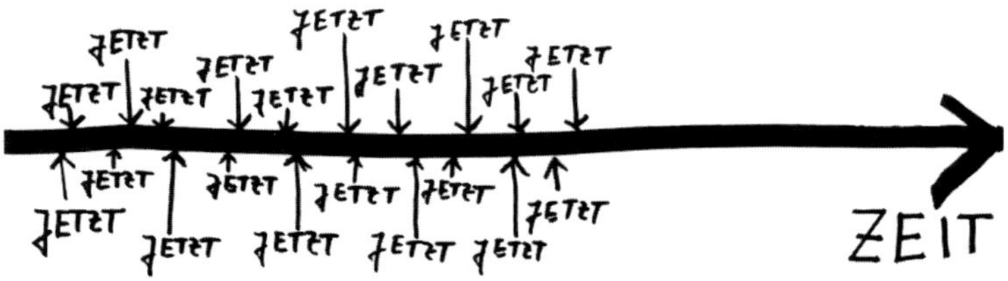

TIPP: Nicht nur dieses Beispiel, sondern auch viele andere Erfahrungen zeigen: Kinder sind clever, sie können „philosophieren", sie verfügen über ein eigenständiges, hochspannendes Denk- und Welterklärungssystem. Wichtig ist es, anzuerkennen, dass es EIGENE KINDLICHE WELTEN gibt, zu denen wir Erwachsenen einen (wenn überhaupt) beschränkten Zugang haben. Akzeptieren Sie die unterschiedlichen kindlichen (Lebens)Welten, Sichtweisen und Bedürfnisse. Mehr noch: Zeigen Sie Wertschätzung für die kindlichen Welten. Philosophieren mit Kindern ist auch eine Frage des Zugangs und Umgangs mit den einzelnen kindlichen (Lebens)Welten.

Sternenträumerei/ Der Mond-Beobachter

Schon als Kind haben mich die Bilder von der Erde, vom All aus gesehen, fasziniert. Die Erde sah so erhaben und lebendig aus. Der Gedanke daran, dass überall auf dieser blauweißen Weltall-Riesenkugel Menschen wohnen, irgendwo im ganz Kleinen, muss mich schon damals mächtig beeindruckt haben. Und auch ich lebe da auf dieser Kugel, dachte ich.

Wo sind wir, wenn wir auf der Erde sind? Was hat der Sternenhimmel für einen Einfluss auf Kinder, die ihn betrachten? Sind sie auf eine intensivere Weise fasziniert als wir Erwachsene? Dieses Himmelszelt, welches wir Nacht für Nacht über uns aufgespannt (solange keine Wolken und städtische Lichtverschmutzung uns die Sicht darauf rauben) entdecken können?

SPIEL: Sternenträumerei

KITA, SCHULE, FAMILIE usw.
Alter: ab 5 Jahren

VORBEREITUNG: Um einen Sternenhimmel auf philosophische Weise „entdecken" und betrachten zu können, empfiehlt sich eine entspannte Atmosphäre in freier Natur. Besonders die Sommermonate sind zu bevorzugen, wenn selbst die Nächte noch angenehm warm sind. Beachten Sie zudem unbedingt den Lichtverschmutzungsgrad des Himmels. In Großstädten und Ballungszentren ist es einfach notwendig, diese Gebiete nachts weit hinter sich zu lassen, um einen wirklich prächtigen Sternenhimmel betrachten zu können. Es lohnt sich! Rechnen Sie auch mit der Müdigkeit der Kinder und finden Sie eine geeignete Zeit. Denken Sie auch an Decken! Im Liegen lässt sich der Himmel am entspanntesten betrachten!

Einen Sternenhimmel zu betrachten, ist überhaupt DIE Chance, mit Kindern ins Philosophieren zu kommen. Lassen Sie den Kindern einfach genug Zeit und geistigen Raum, dann entwickeln sich philosophische Gespräche meistens von alleine. Themen können beispielsweise folgende sein: Fragen der UNENDLICHKEIT („Wie viele Sterne mögen es sein? Wie weit sind die Sterne weg? Warum sind einige Sterne größer als andere?), der eigenen STERBLICHKEIT („Sind alle Sterne und Planeten aus demselben Ur-Material? Und die Menschen dann auch? Werden wir nach dem Tod zu Sternen?“) und VERGÄNGLICHKEIT („Das Universum dehnt sich aus. Alles wird neu geschaffen und vergeht wieder. Ist dann nichts für immer?“) oder der EMPFINDUNG („Wie wirkt der Sternenhimmel auf dich? Wie wirkt das Leuchten der Sterne auf dich? Und die Dunkelheit zwischen den Sternen? Was bedeuten das Dunkle und das Helle? Warum gibt es sie? Was meinst du?“)

TIPP: Sie können dieses Spiel mit Kindern und Jugendlichen fast aller Altersstufen ausprobieren (wie nahezu bei jedem Spiel oder Thema!). Es ist nur wichtig, die philosophischen Fragen dem Alter und den Bedürfnissen des einzelnen Kindes anzupassen.

SPIEL: Der Mond-Beobachter

KITA, SCHULE, FAMILIE usw.
Alter: ab 5 Jahren

VORBEREITUNG: Siehe „Sternenträumerei-Spiel“

Konzentrieren Sie sich dieses Mal weniger auf die Sterne, sondern lieber auf den Mond. (Scheint kein Mond, fokussieren Sie Ihre Aufmerksamkeit und die des Kindes auf einen besonders markant leuchtenden Stern.) Erzählen Sie den Kindern dieses Gedankenspiel: „Stellt euch vor, auf dem Mond würde ein Beobachter leben. Er lebt da schon sooooooo lange, wie es den Mond, die Erde und die Sterne gibt. Der Beobachter ist kein Mensch, sondern ein sehr intelligenter Außerirdischer. Durch ein langes Fernrohr kann er auf die Erde sehen und uns beobachten. Er kann sehen, was so auf der Welt passiert, was wir machen, wie und was wir reden. Er sieht, wie wir miteinander umgehen, wie wir leben.“ Fragen Sie als letztes danach, was der „Mond-Beobachter“ wohl alles beobachten würde? Wie verhalten sich die Menschen? Was sind ihre Stärken und Schwächen? Wie sieht das Leben von uns Erd-Bewohnern wohl von „außerhalb“ aus?

Philosophische Einkehr: Die Bibel einmal anders

In der BIBEL gibt es ein Buch (man könnte auch sagen, eine „GESCHICHTE“ oder eine „ERZÄHLUNG“), welches sich hervorragend für das Philosophieren eignet – unabhängig davon, ob man christliche oder nichtchristliche Wurzeln hat. Das BUCH KOHELET klingt überraschend „MODERN“. Als ich das Buch das erste Mal las, hätte ich nicht gedacht, einen Text aus der Bibel vor meinen Augen zu haben. Über die Person Kohelets ist nichts weiter bekannt, als dass er „König in Jerusalem“ (Koh. 1,1) war. Der Text stammt ungefähr aus der Mitte des 3. Jahrhunderts v. Chr. Teile daraus will ich Ihnen vorstellen. Da KOHELET ziemlich anspruchsvoll ist, empfehle ich darüber mit Kindern und Jugendlichen ab etwa 12 Jahren zu philosophieren. Wenn Sie wollen, können Sie es auch mit jüngeren Kindern ausprobieren. Einfach testen!

> PHILOSOPHISCHE EINKEHR:
> Die Bibel einmal anders
>
> „WORTE KOHELETS, des Davidsohnes, der König in Jerusalem war.
>
> Windhauch, Windhauch, sagte Kohelet, Windhauch, Windhauch, das alles ist Windhauch. Welchen Vorteil hat der Mensch von all seinem Besitz, für den er sich anstrengt unter der Sonne?

Eine Generation geht, eine andere kommt.
Die Erde steht in Ewigkeit.
Die Sonne, die aufging und wieder unterging,
atemlos jagt sie zurück an den Ort, wo sie wieder aufgeht.
Er weht nach Süden, dreht nach Norden, dreht, dreht, weht, der Wind.
Weil er sich immerzu dreht, kehrt er zurück, der Wind.
Alle Flüsse fließen ins Meer,
das Meer wird nicht voll.
Zu dem Ort, wo die Flüsse entspringen,
kehren sie zurück, um wieder zu entspringen.
Alle Dinge sind rastlos tätig,
kein Mensch kann alles ausdrücken,
nie wird ein Auge satt, wenn es beobachtet,
nie wird ein Ohr vom Hören voll.
Was geschehen ist, wird wieder geschehen,
was man getan hat, wird man wieder tun:
Es gibt nichts Neues unter der Sonne.
Zwar gibt es bisweilen ein Ding, von dem es heißt:
Sieh dir das an, das ist etwas Neues –
aber auch das gab es schon in den Zeiten, die vor uns gewesen sind.
Nur gibt es keine Erinnerung an die Früheren, und auch an die Späteren, die erst kommen werden, auch an sie wird es keine Erinnerung geben bei denen, die noch später kommen werden." (Koh. 1,1 – 11)

Wie wirkt dieser Text auf sie? Eher melancholisch? Pessimistisch? Haben Kohelets Worte vielleicht auch etwas sehr Beruhigendes, Tröstendes? Sie können Kohelets Worte Kindern und Jugendlichen vorlesen und mit ihnen über einzelne Sätze und Gedanken philosophieren. Dabei bieten sich besonders diese Passagen an:

„Welchen Vorteil hat der Mensch von all seinem Besitz, für den er sich anstrengt unter der Sonne?“ und **„Alle Dinge sind rastlos tätig, kein Mensch kann alles ausdrücken, nie wird ein Auge satt, wenn es beobachtet, nie wird ein Ohr vom Hören voll.“**

Philosophieren Sie darüber, warum sich Menschen überhaupt ANSTRENGEN. Was bringt die Anstrengung für Vorteile? Welche Nachteile können sich bei zu großer Anstrengung ergeben? Suchen Sie ANKNÜPFUNGSPUNKTE im Leben der Kinder (etwa Anstrengungen in der SCHULE, beim SPORT usw.).

„Es gibt nichts Neues unter der Sonne. Zwar gibt es bisweilen ein Ding, von dem es heißt: Sieh dir das an, das ist etwas Neues – aber auch das gab es schon in den Zeiten, die vor uns gewesen sind.“

Stimmt dieser Gedanke oder ist er vollkommener Unsinn? Lassen Sie Kinder nach Dingen suchen, die vielleicht vollkommen „NEU“ sind. Was ist mit PC-Spielen, mit Mobiltelefonen usw.? (Siehe: „Die Welt der Elektrogeräte“) Oder gab es das nicht immer schon, dass Menschen spielten und kommunizierten? Auf die eine oder andere Weise? Wie spielten Menschen früher? Wie werden sie in der Zukunft spielen?

„Ich, Kohelet, war in Jerusalem König über Israel. Ich hatte mir vorgenommen, das Wissen daraufhin zu untersuchen und zu erforschen, ob nicht alles, was unter dem Himmel getan wurde, ein schlechtes Geschäft war, für das die einzelnen Menschen durch Gottes Auftrag sich abgemüht haben. Ich beobachtete alle Taten, die unter der Sonne getan wurden. Das Ergebnis: Das ist alles Windhauch und Luftgespinst.
Was krumm ist, kann man nicht gerade biegen;
was nicht da ist, kann man nicht zählen.
Ich überlegte mit folgendes: Ich habe mein Wissen immerzu vergrößert, so dass ich jetzt darin jeden übertreffe, der vor mir in Jerusalem geherrscht hat. Oft konnte ich Wissen und Können beobachten. So habe ich mir vorgenommen, zu erkennen, was Wissen wirklich ist, und zu erkennen, was Verblendung und Unwissen wirklich sind. Ich erkannte, dass auch dies ein Luftgespinst ist. Denn:
Viel Wissen, viel Ärger,
wer das Können mehrt, der mehrt die Sorge.
Ich dachte mir: Auf, versuch es mit Freude, genieß das Glück! Das Ergebnis: Auch das ist Windhauch. Über das Lachen sagte ich: Wie verblendet!,
über die Freude: Was bringt sie schon ein?“ (Koh. 1,12-3,15)

Philosophieren Sie mit Kindern und Jugendlichen besonders über den letzten Teil des Textes. Ich habe die Erfahrung gemacht, dass Kinder sich Kohelet als einen alten traurigen Mann vorstellen. Sie hatten eher Mitleid mit Kohelet, da er wahrscheinlich keine Freude und kein

Glück habe und niemals lachen würde. WARUM mag Kohelet solch traurige Gedanken haben? Wie kommt jemand dazu, zu sagen: **„Über das Lachen sagte ich: Wie verblendet!, über die Freude: Was bringt sie schon ein?“** Philosophieren Sie mit Kindern auch über diesen Satz: **„Viel Wissen, viel Ärger, wer das Können mehrt, der mehrt die Sorge.“** Was könnte damit wohl gemeint sein? Kennen Kinder und Jugendliche Beispiele aus der Schule, wo „viel Wissen, viel Ärger“ bedeutet? Ist es manchmal gut, über etwas nicht Bescheid zu wissen? Kann Unwissenheit zuweilen nicht auch etwas sehr Positives haben?

„Dann wieder habe ich alles beobachtet, was unter der Sonne getan wird, um Menschen auszubeuten. Sieh, die Ausgebeuteten weinen, und niemand tröstet sie; von der Hand ihrer Ausbeuter geht Gewalt aus, und niemand tröstet sie. Da preise ich immer wieder die Toten, die schon gestorben sind, und nicht die Lebenden, die noch leben müssen. Glücklicher aber als beide preise ich den, der noch nicht geworden ist, der noch nicht das schlimme Tun gesehen hat, das unter der Sonne getan wird. Denn ich beobachtete: Jede Arbeit und jedes erfolgreiche Tun bedeutet Konkurrenzkampf zwischen den Menschen. Auch das ist Windhauch und Luftgespinst. Der Ungebildete legt die Hände in den Schoß
und hat doch sein Fleisch zum Essen.
Besser eine Handvoll und Ruhe,
als beide Hände voll und Arbeit und Luftgespinst.“
(Koh. 4,10-4,16)

Sie können beispielsweise diese Passage herausgreifen:

„Jede Arbeit und jedes erfolgreiche Tun bedeutet Konkurrenzkampf zwischen den Menschen. Auch das ist Windhauch und Luftgespinst.“

Wie steht es um den „Konkurrenzkampf zwischen den Menschen“? Inwieweit kommen Kinder und Jugendliche damit in Berührung? Spüren Kinder diesen Konkurrenzdruck auch in ihrer kindlichen Welt? In der Schule (Leistungsdruck durch Noten und Prüfungen), beim Fußball, Leichtathletik, Ballett? Vielleicht auch zwischen Geschwistern? Eventuell sprechen Sie über die Zusammenhänge zwischen ERFOLG und NEID und stellen Bezüge zu den Erfahrungen der Kinder her.

Oder Sie nehmen diesen Teil:

„Der Ungebildete legt die Hände in den Schoß und hat doch sein Fleisch zum Essen. Besser eine Handvoll und Ruhe, als beide Hände voll und Arbeit und Luftgespinst.“

Haben Kinder die Beobachtung gemacht, dass sich Erwachsene manchmal ÜBERARBEITEN und zu viel wollen? Philosophieren Sie über den Begriff der MÄßIGUNG. Was heißt es, sich zu mäßigen?

TIPP: JEDES Kind hat irgendwo irgendwelche RESSOURCEN, an die man anknüpfen kann. Wenn Sie die STÄRKEN eines Kindes finden und diese weiter stärken, erreichen Sie unendlich VIEL MEHR, als wenn sie sich nur auf SCHWÄCHEN und DEFIZITE konzentrieren!

Die Schatztruhe

Kinder hegen meist eine große Faszination für Schatztruhen. Schatztruhen können eine Schnitzeljagd ungemein spannend machen. Häufig kommen Schatztruhen auch in Spielfilmen für Kinder (besonders Piratenfilme) vor und ziehen die Aufmerksamkeit der Kinder auf sich. Was mag wohl in einer Schatztruhe verborgen sein? Gold? Edelsteine? Eine Schatzkarte? Ein geheimer Plan?

SPIEL: Die Schatztruhe

KITA, SCHULE, FAMILIE usw.
Alter: ab 5 Jahren

VORBEREITUNG: Besorgen Sie sich eine Schatztruhe oder zumindest einen Kasten, der irgendwie „geheimnisvoll“ und alt aussieht, möglichst mit einem dicken Schloss. Für Schatztruhen gibt es genug Stereotype (groß, schwer, alt, ein wenig verwittert …) die Sie bedienen können oder nicht. Wie Sie wollen. Nehmen Sie dann ein Blatt Papier (welches Sie am Rand mit einem Feuerzeug leicht verbrennen können. Das sieht dann „älter“ aus). Statt normalem Papier können Sie idealerweise auch Papyrus oder Pergament verwenden. Darauf schreiben Sie nur einen Satz: DER WAHRE SCHATZ IST IN DIR.

Legen Sie das beschriebene Blatt/Pergament/Papyrus in die Schatztruhe hinein und verschließen Sie diese.

Normalerweise sind Kinder hin und weg, wenn Sie eine Schatztruhe präsentieren. In aller Regel wollen die Kinder diese Kiste oder Truhe SOFORT öffnen und sich den Inhalt anschauen. Vertrösten Sie die Kinder und sagen Sie ihnen, dass sie nun gemeinsam das „Schatztruhen-Spiel“ spielen. Fragen Sie die Kinder, was sie wohl in der Schatztruhe für einen „Schatz“ vermuten. Lassen Sie sich GESCHICHTEN zu der Schatztruhe erzählen oder aufschreiben. „Woher kommt wohl die Schatztruhe?“ „Wer hat in ihr etwas hineingelegt?“ „Warum wurde in ihr etwas verschlossen?“ Philosophieren Sie mit den Kindern darüber, ob es auch Schatztruhen im täglichen Leben gibt: Kisten, Schränke, Orte, die wir nicht öffnen oder betreten dürfen. Wo vermuten wir Schätze, können sie aber nicht „heben“?

Dann kommt der „große Moment“. Jetzt darf die Schatztruhe geöffnet werden. Lassen Sie die „geheime“ Botschaft vorlesen (oder lesen Sie sie selber vor). DER WAHRE SCHATZ IST IN DIR. Was mag das heißen? Philosophieren Sie gemeinsam mit den Kindern darüber, was dieser Satz bedeuten kann? Was sind WAHRE SCHÄTZE? Warum sind sie IN UNS? Warum kann uns diese Schätze (Phantasie, Kreativität, Mitgefühl, Intelligenz, Neugier, Lernfähigkeit, Mut, Potentiale, Fähigkeit zur Freundschaft und Liebe …) niemand „wegnehmen“? Knüpfen Sie auch hier an die PERSÖNLICHEN ERLEBNISSE und ERFAHRUNGEN der Kinder an.

Warum haben Menschen Lieblingsfarben?

Farben können einen großen Einfluss auf unsere STIMMUNG haben und wirken direkt im Zentralnervensystem. Dabei ist die Farbempfindung von Mensch zu Mensch unterschiedlich. Nicht nur Künstler nutzen die Wirkungsweise von den Farben, sondern auch Psychologen oder Werbefachleute. Und schon viele Kinder haben ihre „Lieblingsfarbe“ – diejenige Farbe, die sie am meisten mögen.

THEMA: Warum haben Menschen Lieblingsfarben?

KITA, SCHULE, FAMILIE usw.
Alter: ab 5 Jahren

VORBEREITUNG: Hilfreich wären verschiedene Farb-Beispiele. Optimal sind große Tücher (oder einfarbige T-Shirts) in verschiedenen Farben.

Fragen Sie die Kinder, was einzelne Farben in ihnen auslösen. Was assoziieren sie mit ROT, was mit GRÜN, was mit SCHWARZ, usw.? Philosophieren Sie auch über die Hintergründe dieser Farbempfindungen. Was verbinden Menschen beispielsweise mit ROT? Was ist in der Natur rot? Warum wirkt BLAU auf viele Menschen eher „kalt“? (Das Meer = blau = wirkt kalt)

Und wo finden die Kinder in ihrem Alltag Farben vor? Wo sind die Farben besonders präsent?

Von Wurzeln und großen Höhen

Wer einmal die berühmten Mammutbäume der kalifornischen Sierra Nevada gesehen hat, wird diese pflanzlichen Riesen wohl nie mehr vergessen können. Und auch in Deutschland gibt es viele imposante Naturdenkmäler zu bestaunen. Zahlreiche Dörfer und Städte haben „ihre" ganz eigenen Bäume – prachtvolle Linden, knorrige alte Eichen, riesige Kastanien. Auch in Parks, Naturschutzgebieten und natürlich in Wäldern kann man auf Bäume stoßen, die sich deutlich von anderen unterscheiden.

THEMA: Von Wurzeln und großen Höhen

KITA, SCHULE, FAMILIE usw.
Alter: ab 5 Jahren

VORBEREITUNG: Suchen Sie sich im Vorfeld einen „besonderen“ Baum aus. Er kann etwa besonders hoch sein, ein besonders üppiges Blattwerk sein Eigen nennen oder an einem besonderen Ort stehen (auf der Spitze eines kleinen Hügels, inmitten einer Waldlichtung o.ä.). Hauptsache, er sticht irgendwie aus der Landschaft heraus. Machen Sie dann einen Ausflug, vielleicht eine kleine Wanderung oder einen Spaziergang, zu diesem Baum. Natürlich können Sie die philosophische Baumexpedition auch im Winter durchführen. Zu empfehlen ist es aber nicht. Wählen Sie am besten einen netten Sommertag aus.

Lassen Sie den Kindern viel Zeit zum genauen Betrachten des Baumes. Was können sie alles sehen? Die Rinde des Baumes, den Stamm, die vielen Äste, die Blätter usw.? Was sieht man auf den ersten Blick nicht direkt? Wie tief mögen wohl die Wurzeln reichen? Philosophieren Sie mit Kindern beispielsweise darüber, dass ein Baum ANTEIL an VERSCHIEDENEN LEBENSWELTEN hat. Seine Krone befindet sich in großen Höhen in der Luft, seine Wurzeln im Erdreich. Ständig ist der Baum Winden (Veränderungen) ausgesetzt. Manchmal herrscht auch Windstille (Stillstand). Tief reichen die Wurzeln des Baumes ins Erdreich (Verwurzelung als Heimat, Herkunft, Vergangenheit …) und verleihen ihm Halt. Knüpfen Sie an diese philosophischen BILDER an.

Kinder können sich ABSTRAKTE ZUSAMMENHÄNGE oft viel besser BILDHAFT vorstellen!

Philosophieren Sie auch darüber, dass ein Baum Anteil am HELLEN (dem Tag-Licht, dem Offensichtlichen) und am DUNKLEN (dem dunklen Erdreich, dem Verborgenen) hat. Schlagen Sie eine Brücke zum Leben und Erleben der Kinder. Wann kommen sie mit HELLEN und wann mit DUNKLEN WELTEN in Berührung? Seien Sie gespannt auf die Geschichten und Ideen der Kinder!

Zuletzt können Sie mit Kindern anhand eines Baumes darüber philosophieren, dass es VERSCHIEDENE PERSPEKTIVEN auf EIN DING geben kann (in unserem Fall: ein BAUM). Sprechen Sie darüber, dass man den Baum etwa aus PHILOSOPHISCHER SICHT betrachten kann (das machen die Kinder und Sie gerade!). Ein HOLZFÄLLER hingegen würde den Baum aus der Perspektive des FÄLLENS betrachten (Ausnahmen bestätigen natürlich die Regel!). Ein INVESTOR würde darüber nachdenken, wie viel GEWINN er aus einem Baum ziehen könnte (das Holz verkaufen oder den Baum als Touristenobjekt vermarkten?). Ein LIEBESPAAR, das sich unter dem Baum das erste Mal küsste, hat eine völlig andere Beziehung zum Baum. Oder denken Sie an die NATURSCHÜTZER! Diese hätten wiederum einen ganz eigenen Blick auf unseren Baum. Oder ein BIOLOGE oder FÖRSTER oder LANDSCHAFTSPLANER oder … Sie sehen: Es gibt ziemlich VIELE PERSPEKTIVEN für ein und dasselbe Objekt. Philosophieren Sie mit Kindern auch darüber, dass die Kinder selbst dauernd aus verschiedenen Perspektiven betrachtet werden. (Das wird uns Erwachsenen oftmals gar nicht so sehr bewusst!). Mal werden die Kinder aus Perspektive der Großeltern als ENKEL betrachtet, mal als SCHÜLER, als SPORTLER in Sportvereinen, als KONSUMENTEN (beispielsweise der Spielzeugindustrie), …

TIPP: Oftmals sieht man Kinder als WERDENDE an, d.h. als irgendwie „unfertige“ Wesen, die noch viel lernen und sich entwickeln müssen. Tatsächlich sind Kinder SEIENDE. Sie sind JETZT und HIER und wollen auch in dieser Rolle wahrgenommen werden. Philosophieren mit Kindern nimmt die Kinder ganz im Hier und Jetzt wahr und stärkt sie in dieser (Selbst)-Wahrnehmung.

Lebenswelt? LebensweltEN!

Wie es in der Natur vielfältige Lebensräume für verschiedene Tier- und Pflanzenarten gibt, so finden sich auch in unserer „Menschen-Welt“ unzählige Lebensräume, Lebenswelten, Lebensrealitäten. Normalerweise ist der Alltag eines Kindes relativ vor-strukturiert. Jedes Kind hat meistens mit denselben Lebenswelten zu tun: die Lebenswelt der Schule, die Lebenswelt der Familie, der Freundinnen und Freunde usw. Einen erweiternden Blick für andere Lebenswelten können Sie beim Kind beispielsweise so schaffen:

THEMA: Lebenswelt? LebensweltEN!

SCHULE, FAMILIE usw.
Alter: ab 8 Jahren

VORBEREITUNG: Schauen Sie, wo es in Ihrer näheren Umgebung Orte, Stadtviertel, Gebiete usw. gibt, die das Kind (noch) nicht kennt. Das verlangt erst einmal von IHNEN einen WACHEN und OFFENEN GEIST. Suchen Sie bewusst nach Lebenswelten von anderen Menschen, die (Ihnen und) dem Kind (bisher) fremd waren. Versuchen Sie, Momente der Begegnung zu planen und zu schaffen. Seien Sie kreativ und fragen Sie das Kind, wozu es Lust hat, was es interessiert und welche Orte es gerne einmal besuchen möchte.

Philosophieren Sie bei der ERKUNDUNG NEUER LEBENSWELTEN über die VIELFALT und UNTERSCHIEDLICHKEIT der Lebensformen und Lebenswelten. Was ist eigentlich eine FAMILIE? Sprechen Sie darüber, wie die Familie des Kindes aussieht. Gibt es auch andere Familienformen? Wie können die aussehen? Zeigen Sie, dass es auch andere Familienstrukturen gibt (Alleinerziehend; Kinder, die bei Großeltern aufwachsen oder in einem Kinderheim; Großfamilien, Patchwork-Familien ...) Knüpfen Sie dabei auch wieder an Erfahrungen des Kindes an (Freundeskreis? Schulklasse?). Besuchen Sie mit dem Kind auch RELIGIÖSE ORTE, wie etwa Moscheen oder Synagogen. Wenn das Kind selber keinen christlichen Bezug hat, können Sie auch eine Kirche oder eine christliche Gemeinde besuchen. Suchen Sie zusammen mit dem Kind immer wieder das Gespräch mit anderen Menschen. Sprechen Sie beispielsweise über die RELIGION, über unterschiedliche Bräuche und Sitten. Dabei können Sie wunderbar mit Kindern über unterschiedliche KULTUREN und LEBENSWELTEN philosophieren. Die Einsicht in andere Lebenswelten wirkt sich meistens positiv auf die Entwicklung von TOLERANZ bei Kindern aus. Rechnen Sie aber auch mit inneren WIDERSTÄNDEN beim Kind (das ist ganz normal!) und lassen Sie viel Raum für aufklärende Gespräche. Wie das Kind und Sie konkret an das Thema „Lebenswelt? LebensweltEN!" herangehen, können natürlich nur SIE GEMEINSAM entscheiden. Auch hier gilt: AUSPROBIEREN!

In bester Gesellschaft bei den Simpsons

HINWEIS: Wenn Sie DIE SIMPSONS nicht mögen, dann überspringen Sie dieses Thema einfach. Wenn Sie DIE SIMPSONS (noch) nicht kennen, dann könnte der folgende Text interessant für Sie sein. Vielleicht schauen Sie sich dann DIE SIMPSONS einfach mal an.

In der Vergangenheit habe ich mich oft gefragt, wie man mit Kindern und Jugendlichen am besten über die GESELLSCHAFT philosophieren kann. Fragen des MENSCHLICHEN ZUSAMMENLEBENS sind für Kinder (wie für Erwachsene) elementar. Menschen sind SOZIALE WESEN, die in komplexen sozialen Räumen agieren und umgekehrt vom sozialen Umfeld beeinflusst werden. Kinder wachsen in aller Regel im kleinsten sozialen Umfeld – der FAMILIE – auf. Deshalb wird die Familie auch als KEIMZELLE DER GESELLSCHAFT betrachtet. Aber was ist das eigentlich: Gesellschaft? Wie kann man mit Kindern über das Existieren und Funktionieren einer Gesellschaft philosophieren? Besser wäre noch, man spricht von GesellschaftEN, denn „die eine" große Gesellschaft gibt es nicht. Wir bewegen uns stattdessen in vielen unterschiedlichen GesellschaftEN.

Ich habe als Kind die Erfahrung gemacht, dass ein Biologie-Lehrer mir die Gesellschaft als AMEISENHAUFEN erklären wollte. Er redete von Ameisenstraßen (Autobahnen und Straßen) und Ameisenhaufen (Städten), von Arbeitsteilung (Königin, Brutpflege, Arbeiterinnen usw.), von einem großen Ganzen. Das klang alles erst einmal plausibel. Nach und nach entdeckte ich an diesem „Gesellschaftsmodell“ aber erhebliche Mängel. Nicht nur dass unsere menschlichen Gesellschaften viel komplexer, ausdifferenzierter und individualisierter sind als „Ameisengesellschaften“, nein, auch den Vergleich zwischen Tierwelt und Menschenwelt fand ich ziemlich abwegig. Schon als Kind spürte ich, dass Menschen ihr Leben und Zusammensein fundamental anders „managen“ als irgendwelche Tierarten.

Das beste Beispiel für das Funktionieren einer Gesellschaft habe ich dann bei den SIMPSONS entdeckt. An amerikanischen Universitäten beschäftigen sich beispielsweise Soziologen, Politikwissenschaftler und auch Philosophen mit der berühmten TV-Familie. Das Geniale ist: FAST JEDES KIND KENNT DIE SIMPSONS! Daran können Sie hervorragend philosophisch anknüpfen!

SIMPSONS UND SPRINGFIELD =
FAMILIE UND GESELLSCHAFT IM
MIKROKOSMOS

THEMA: In bester Gesellschaft bei den Simpsons

SCHULE, FAMILIE usw.
Alter: ab 10 Jahren

VORBEREITUNG: Eigentlich müssen Sie nur Ihr Simpsons-Wissen auffrischen. Vielleicht sind Sie auch Simpsons-Experte. Dann brauchen Sie keine Vorbereitung.

Das Leben der Simpsons und der zahlreichen anderen Charaktere der TV-Serie spielt sich in SPRINGFIELD ab. Springfield (sehr häufiger Stadtname in den USA) stellt die Durchschnittsstadt Amerikas dar. SPRINGFIELD ist eine GESELLSCHAFT IM KLEINFORMAT. Sprechen Sie mit den Kindern über die vielen Charaktere bei den Simpsons. Lassen Sie sich so viele Charaktere aufzählen und kurz beschreiben wie es geht. (Meistens kennen die Kinder dutzende. Manchmal fast alle.)
Innerhalb der SPRINGFIELD-GESELLSCHAFT gibt es mehrere UNTER-GESELLSCHAFTEN, SCHAUPLÄTZE und ORTE, die die Kinder bestens kennen:

- DIE FAMILIE (Homer, Marge, Bart, Lisa, Maggie, Abraham usw.)
- DIE NACHBARSFAMILIE (Familie Flanders)
- DIE WELT DES KERNKRAFTWERKES
- RUNDFUNK und FERNSEHEN
- KRANKENHAUS
- GRUNDSCHULE VON SPRINGFIELD
- MOES TAVERNE
- KIRCHE ...

Philosophieren Sie mit Kindern und Jugendlichen über diese Schauplätze, über die komplexen Beziehungen der Figuren untereinander, über Freund- und Feindschaften. Wie und wo verdient Homer sein Geld? Wo ist Bart anzutreffen? Wie funktioniert die Gesellschaft in Springfield? Zeigen Sie, dass es die unterschiedlichsten Berufe in Springfield gibt (vom Pizzabäcker Luigi bis zum Clown Krusty ist alles dabei!). Wer hat die MACHT in Springfield? Der korrupte Bürgermeister Quimby, der kapitalistische Kernkraftwerksbetreiber Mr. Burns oder vielleicht auch die moralische Instanz des Reverend Lovejoy?

Philosophieren Sie mit Kindern darüber, dass die Simpsons-FAMILIE wie im „echten" Leben auch eine der KEIMZELLEN DER GESELLSCHAFT ist.

Oder machen Sie die ARBEITSTEILUNG in Springfield zum Thema. Knüpfen Sie dabei an die vielen Berufe der Springfield-Charaktere an. Sie können auch über die SCHULE in Springfield philosophieren.

Was fällt Kindern und Jugendlichen bei der Stadt Springfield noch alles auf? Wie funktioniert Springfield? Was sind PROBLEME Springfields? Wann kam die Stadt an Belastungsgrenzen? (Von Tierplagen, Naturkatstrophen, bis hin zum GAU hat Springfield schon vieles erlebt...). Welche PARALLELEN gibt es zwischen SPRINGFIELD und der Stadt/dem Dorf der Kinder?

TIPP: Kaum eine TV-Serie ist so dicht an der LEBENSWELT der Kinder wie DIE SIMPSONS. Die Sendung verbindet hohen Unterhaltungswert und Komik mit vielfältigsten Einblicken in das Funktionieren einer Gesellschaft. Gerade durch die oft völlig überzogenen und PLAKATIVEN Darstellungen von Figuren (italienischer Pizzabäcker mit Schnurrbart, korrupter dicker Bürgermeister, frömmelnder Kirchgänger) lernen Kinder eine Menge über die Gesellschaft, die sie umgibt. Nutzen Sie UNBEDINGT diesen ZUGANG zu Kindern und Jugendlichen! Es lohnt sich!

Wie fühlt sich das denn an?!

Wahrscheinlich kennen die meisten Kinder das Spiel bereits. Wenn nicht, umso besser! Dieses Spiel bietet besonders viel Spaß und kommt fast immer super bei den Kindern an.

SPIEL: Wie fühlt sich das denn an?!

KITA, SCHULE, FAMILIE usw.
Alter: ab 5 Jahren

VORBEREITUNG: Sie benötigen eine AUGENBINDE und eine ZAUBER-BOX. In die Zauber-Box packen Sie eine Vielzahl von Dingen, die sich interessant ANFÜHLEN, aber kein VERLETZUNGSRISKO beim ANFASSEN bergen (wie etwa Scheren oder andere spitze Gegenstände). Füllen Sie die Zauber-Box etwa mit Filzstiften, kleinen Bällen, einem Game-Boy, Büroklammern, Spielzeugautos, Puppen, Lego-Steinen, aber auch mit Gegenständen der NATUR: Tannenzapfen, kleine Äste mit Blättern usw.) Nehmen Sie einfach das, was sich gerade findet. Je mehr, desto besser! Für Schulklassen oder Kita-Gruppen rationieren Sie einfach die Anzahl der zu erratenden Gegenstände pro Kind. Achten Sie dennoch darauf, dass jedes Kind genug Gegenstände betasten darf (mindestens vier oder fünf Gegenstände pro Kind sollten es schon sein).

Verbinden Sie nun jedem Kind einmal die Augen (Sie können auch zwei Kindern parallel die Augen verbinden) und geben Sie ihm/ihr einen Gegenstand aus der Zauber-Box. Die Kinder können dann die Gegenstände in Ruhe betasten und raten, um was es sich dabei handeln könnte. In aller Regel ist diese Knobelei auch für die „Zuschauer" köstlich unterhaltsam und auf interessante Antworten dürfen alle gespannt sein.

Philosophieren Sie nach dem Spiel mit den Kindern gemeinsam über die Besonderheit des Spiels: Ein SINN (in diesem Fall die VISUELLE WAHRNEHMUNG) wurde blockiert (Augenbinde). Nun mussten die Kinder zum Erraten des Gegenstandes auf einen ANDEREN SINN ausweichen (WAHRNEHMUNG über die HAUT/ TASTSINN).

Neben diesem TAST-SPIEL gibt es auch DUFT-RATE-SPIELE, GESCHMACKS-RATE-SPIELE oder HÖR-RATE-SPIELE. Wenn Sie wollen, können Sie nicht nur das „Wie fühlt sich das denn an?!-Spiel" mit den Kindern spielen, sondern auch die eben genannten Spiele. Variieren Sie einfach, wie Sie Lust haben und was die Kinder mögen.

Philosophisch sind diese Spiele deshalb so ungemein interessant, weil die Kinder lernen, dass man ein und dasselbe Ding auf mehrere Weisen erfahren kann. Der Mensch verfügt über verschiedene KANÄLE der WAHRNEHMUNG. Philosophieren Sie etwa darüber, dass wir die WELT nur deshalb genauso wahrnehmen, wie wir sie wahrnehmen, weil uns die NATUR mit einem bestimmten Repertoire an Sinnen ausgestattet hat. Viele Tierarten nehmen die Umwelt ganz anders wahr als wir Menschen. Sprechen Sie auch darüber, dass manche Menschen auf einen oder mehrere ihrer Sinne verzichten müssen (etwa taube oder blinde Menschen).

Haben Tiere ein Bewusstsein?

Lange Zeit hat man allein dem Menschen ein Bewusstsein zugestanden. Prinzipiell können zwar alle höherentwickelten Tiere – etwa Hunde, Katzen, Pferde, Kühe, Löwen usw. – Schmerz empfinden. Die Frage, ob diese Tiere auch tatsächlich über sich und ihren Schmerz nachdenken können und ein Bewusstsein besitzen, ist nicht wirklich beantwortbar: Der Mensch kann nicht mit Tieren darüber KOMMUNIZIEREN. (Obwohl die Kommunikation zwischen Mensch und Tier natürlich eingeschränkt möglich ist, wie jeder weiß, der Haustiere besitzt.) Da Tiere meistens in den Lebenswelten von Kindern und Jugendlichen eine große Rolle spielen, eignet sich das folgende Spiel gut als Einstieg zum Philosophieren über das Bewusstsein von Mensch und Tier.

SPIEL: Haben Tiere ein Bewusstsein?

SCHULE, FAMILIE usw.
Alter: ab 8 Jahren

VORBEREITUNG: Sie benötigen einen SPIEGEL und am besten ein kleines Tier (ein Hamster, eine Maus oder ein kleiner Vogel wären ideal). Zuhause können Sie natürlich auch anhand von „größeren" Tieren mit den Kindern ins Philosophieren kommen.

Sprechen Sie nun mit den Kindern über das Bewusstsein. Was könnte das sein? Bewusst-Sein? Was ist im Namen „Bewusst-Sein" alles enthalten? Im Wort „Bewusst" steckt „Wissen". Also bedeutet es das „Wissen" über das „Sein".

Zeigen Sie den Kindern oder Jugendlichen den Spiegel. Lassen Sie jedes Kind kurz in den Spiegel schauen. Erklären Sie, dass das Erkennen im Spiegel das Bewusstsein voraussetzt. Wir schauen in den Spiegel hinein und erkennen: JA, DAS BIN ICH (vom tagesformabhängigen Aussehen mal abgesehen). Fragen Sie die Kinder, ob sie sich auch ohne Spiegel erkennen. Ob sie auch ohne Spiegel wissen, dass sie existieren. Das ERLEBEN ein ICH zu SEIN, nennt man Bewusstsein. Der Spiegel macht das nur deutlicher.

Berichten Sie den Kindern, dass man früher geglaubt hat, dass nur Menschen dieses ICH-BEWUSSTSEIN hätten. Tieren sprach man dieses Bewusstsein ab. Jetzt kommt der Spiegel ins Spiel. Stellen Sie den Spiegel zum Tier gerichtet auf. (Wenn Sie Glück haben, interessiert sich das Tier für dieses interessante Objekt und schnüffelt etwa daran…) Fragen Sie nun, ob sich das Tier im Spiegel erkennt? Wenn ja, hätte das Tier ein Bewusstsein. Wenn nein, dann hätte das Tier kein Bewusstsein. Was meinen die Kinder oder Jugendlichen? Wenn es unterschiedliche Meinungen gibt, lassen Sie die Kinder in Ruhe philosophieren, Meinungen abwägen usw.

Anschließend können Sie berichten, dass sich Forscher in den letzten Jahren genau dieser Spiegel-Tier-Methode bedienten und Experimente mit verschiedenen Tierarten durchführten. Dabei kam heraus: NICHT ALLE Tiere können sich im Spiegel erkennen. EIN PAAR ARTEN können dies aber SEHR WOHL: Rabenvögel, Delfine, Elefanten, Schweine und Affenarten, um nur einige zu nennen.

Philosophieren Sie mit den Kindern dann auch über die Frage, ob diese Tierarten sich nicht nur selbst im Spiegel erkennen können, sondern auch ein „menschenähnliches" ICH-BEWUSSTSEIN haben? Können sie über Schmerz und Freude, über sich selbst nachdenken und reflektieren? Kann ein Tier von sich sagen: ICH BIN? Oder können das nur Menschen?

Eine spannende Frage ist auch, ob Kinder Zustände aus eigener Erfahrung kennen, in denen sie KEIN BEWUSSTSEIN haben. Beispiele sind SCHLAF (besonders der REM-Schlaf) oder die NARKOSE (knüpfen Sie an Erfahrungen der Kinder an, wenn sie während einer Operation bewusstlos waren).

Wenn ich König von Deutschland wär'…

Was ist eine „gute" Regierung? Hat unser Land eine „gute" Regierung? Ist unser Staatsaufbau der bestmögliche? Mit diesen uralten Fragen haben sich schon die „klassischen" antiken Philosophen (wie etwa Platon) beschäftigt. Und auch mit Kindern kann man wunderbar ins Philosophieren über Fragen von Staatsmacht und „guter Regierung" kommen.

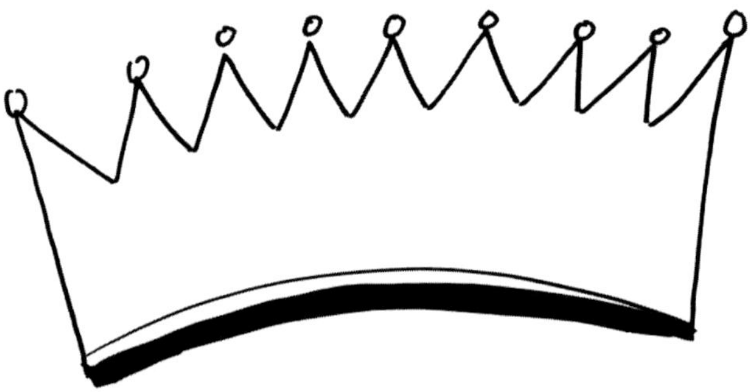

SPIEL: Wenn ich König von Deutschland wär'…

SCHULE usw.
Alter: ab 10 Jahren

VORBEREITUNG: Besorgen Sie sich „Insignien der Macht". Optimal wären eine KRONE und ein ZEPTER. Aber auch andere „Insignien" sind denkbar, wie etwa ein dicker Ring, eine Art Amtskette, ein Stab o.ä. Seien Sie kreativ und schauen Sie, was sich finden lässt. Daneben benötigen Sie noch für einzelne Ministerien Symbole (für das Bau-Ministerium etwa einen Spielzeug-

Bagger, für das Familienministerium eine Puppe o.ä., für das Verteidigungsministerium einen Spielzeug-Panzer o.ä.)

Bestimmen Sie ein Kind der Klasse zum „König von Deutschland". Der König bekommt einen „Extra-Platz". (Wie dieser Platz genau aussieht, müssen Sie entscheiden.) Damit Ihre „willkürliche Ernennung" nicht in allgemeinen Tumult der Klasse umschlägt, stellen Sie zugleich mindestens acht „Ministerien" auf. Natürlich können Sie jedes beliebige Ministerium auswählen. Es wäre aber gut, wenn Sie mindestens ein FINANZ-MINISTERIUM, ein BAU-MINISTERIUM, ein UMWELT-MINISTERIUM und ein FAMILIEN-MINISTERIUM (oder KINDER-MINISTERIUM!) kreieren. Die Kinder und Jugendlichen können sich dann ein einzelnes Ministerium aussuchen und sich für eine Zeit lang „beratend" zurückziehen. Welche Forderungen werden die einzelnen Ministerien stellen? Was werden sie wollen? Was werden sie später dem König vortragen? Welche Wünsche haben die Ministerien?

Während die einzelnen Ministerien sich beraten, sprechen Sie mit dem König. Was würde der König am liebsten in seiner Regierungszeit verändern? Was sollte so bleiben, wie es bisher ist? BEWERTEN Sie die Ziele und Pläne des Königs NICHT! Lassen Sie Freiraum für spätere (philosophische) Diskussionen mit den Ministerien.

Nun beginnt das Spiel! Präsentieren Sie sich als MODERATOR. Fangen Sie mit der REGIERUNGSERKLÄRUNG des Königs an. Der König hat die Möglichkeit, seine Ziele und Wünsche grob vorzustellen. Spannen Sie danach die einzelnen Ministerien mit ein. Was sind die Wünsche der Ministerien? Welche Forderungen haben sie an den König? Was wird der König davon gutheißen? Was nicht?

Die Chance ist groß, dass sich während dieses Spiels jede Menge entwickelt, worauf sie später zurückgreifen können. Meistens werden die Diskussionen hitzig geführt, manchmal ufern sie auch aus. Egal, in welche Richtung genau sich das SPIEL entwickelt: Bleiben Sie als Moderator präsent, aber drängen Sie sich nicht in den Vordergrund (das ist die Aufgabe des Königs!).

Lassen Sie im Anschluss die Kinder über all die Szenen, die sich während des Spiels abgespielt haben, philosophieren. Wie haben die einzelnen Ministerien gehandelt? Wie hat der König reagiert? Waren seine Wünsche „gut“? Für wen oder was waren die Wünsche des Königs „gut“? Was ist eigentlich eine „gute“ Regierung?

Vielleicht sprechen Sie mit den Kindern auch darüber, dass es in Deutschland keine Person (mehr) gibt, die so viel Macht wie ein König hat und warum das so ist (Gefahr von Macht-Missbrauch). Geben Sie den Kindern auch den Raum, über Fragen von MACHT zu philosophieren. Ist Macht immer gefährlich? Ist Macht nicht auch „gut“? (Macht als Ressource) Unter welchen Umständen kann Macht positiv sein? Wann wird die Macht missbraucht? Gibt es Erfahrungen der Kinder und Jugendlichen zu diesen Themen?

Warum leben so viele Menschen in Städten?

Für Kinder und Jugendliche ist ihr Dorf oder ihre Stadt (ihr Kiez, Viertel oder Bezirk) insofern WICHTIG, da es TÄGLICHE LEBENSRÄUME sind, die sie auf Schritt und Tritt begleiten. Diese Beobachtung (die natürlich auch für Erwachsene gilt) ist so banal wie bedeutsam: MENSCHEN prägen nicht nur die STÄDTE, in denen sie leben. Es sind auch die gewachsenen Strukturen, Gebäude, Verkehrswege, Parkanlagen und Kultureinrichtungen selbst, die die MENSCHEN beeinflussen. Die Stadt als geballte Ansammlung von Menschen und Kultur hat seit jeher andere Menschen fasziniert und angezogen. Die Kulturgeschichte des Menschen ist eng mit der Geschichte des Dorfes und der Stadt verbunden. Beim Philosophieren mit Kindern über ihre Dörfer und Städte können Sie bereits vieles der kindlichen Lebenswelten nutzen.

THEMA: Warum leben so viele Menschen in Städten?

SCHULE, FAMILIE usw.
Alter: ab 8 Jahren

VORBEREITUNG: Kinder und Jugendliche sind meistens fasziniert von BILDERN aus ihrer näheren UMGEBUNG. Ziehen Sie mit einer Kamera „bewaffnet“ durch Gegenden der Kinder, die sie kennen und die für die Kinder BEDEUTSAM sind. Machen Sie Fotos von Schwimmbädern, Bushaltestellen, Kiosken, Schulen, Sportplätzen, Straßenecken, Straßenzügen usw.

Besonders in Schulklassen können Sie bei der anschließenden BILD-PRÄSENTATION große Begeisterung bei den Kindern hervorrufen!

Fragen Sie die Kinder, ob sie die einzelnen Bilder/Orte kennen und was sie mit diesen Orten verbinden. Was haben die Kinder dort erlebt? Welche Erinnerungen und Erfahrungen sind mit einzelnen Orten/Bildern verbunden? Zeigen Sie, dass die Bilder AUSSCHNITTE aus den LEBENSWELTEN der Kinder sind. Fragen Sie auch, aus welchen Orten die Kinder stammen und wo sie zurzeit wohnen (sofern Sie das nicht schon wissen…)

Fragen Sie: „Warum leben eigentlich so viele Menschen in Dörfern und Städten?“ Sammeln Sie die verschiedenen Meinungen und Ideen der Kinder. Probieren Sie auch Bezüge zu den präsentierten Bildern herzustellen. Philosophieren Sie über die VORTEILE und NACHTEILE einer Stadt. Vorteile einer Stadt könnten etwa das Angebot an Sport- und Unterhaltungsmöglichkeiten,

Bildungs- oder Freizeiteinrichtungen sein. Nachteile beispielsweise zu viel Verkehr, Lärm, wenig Natur etc. Oftmals haben Kinder ihren ganz EIGENEN BLICK auf ihre Stadt/ ihr Dorf. Kinder können ganz unterschiedliche Dinge als „Vorteil“ oder „Nachteil“ ihrer Stadt empfinden. Sie können hier philosophisch sehr viele Themen aufgreifen. Gibt es Städte oder Stadtviertel, die Kinder als „hässlich“ empfinden? Was denken Kinder über Großstädte? Und was denken sie über kleine Dörfer? Wann ist eigentlich eine Stadt eine „echte“ Stadt? Muss eine gewisse Zahl von Menschen in ihr leben? Oder gehören bestimmte Gebäude zu einer Stadt einfach dazu? Wenn ja, welche Gebäude?

Geheime Zeichen

Die Erfindung der Schrift war vielleicht der wichtigste Meilenstein in der Menschheitsgeschichte. Mit Schrift kann man (wie Sie gerade demonstriert bekommen) wunderbar gebündelt Informationen weitergeben. Das Erlernen des Lesens und Schreibens ist eine der wichtigsten Kulturtechniken des Menschen. Kinder und Jugendliche können sich der Bedeutung von Schrift auch philosophisch-spielerisch nähern. Testen Sie einfach einmal folgendes Spiel (vielleicht kennen Sie es schon):

SPIEL: Geheime Zeichen

SCHULE, FAMILIE usw.
Alter: ab 8 Jahren

VORBEREITUNG: Schreiben Sie ein Geheimzeichen-Alphabet. Schreiben Sie dazu einfach die Buchstaben von A bis Z untereinander auf einen Zettel und ordnen Sie jedem Buchstaben ein Zeichen zu, welches Sie sich ausdenken. Der Buchstabe **A** kann etwa zu einem **@** werden. Der Buchstabe B zu **%**, der Buchstabe **C** zu **§**, der Buchstabe **D** zu ☺ usw.

Im zweiten Schritt schreiben Sie einen Satz.
Etwa: WENN DU DAS LESEN KANNST, BIST DU GENIAL

Übersetzen Sie dann jeden Buchstaben in das entsprechende Geheimzeichen.

Dann geben Sie den Kindern eine Kopie des Geheimzeichen-Satzes. (Wenn Sie wollen, können Sie natürlich noch viel mehr in Geheimschrift vorbereiten!) Parallel dazu benötigen die Kinder noch Ihre „Übersetzungs-Liste".

Die Kinder können das Geheime-Zeichen-Spiel auch erweitern, indem sie sich ganz eigene Geheimzeichen-Alphabete ausdenken und mit diesen Geheimzeichen Sätze schreiben, die andere Kinder oder Sie erraten können.

Sie veranschaulichen mit diesem Spiel wunderbar den sonst abstrakten Begriff der „ALPHABETISIERUNG". Zuerst versteht ein Kind die „Geheimschrift" nicht. Erst muss es diese Geheimschrift lernen. Wenn das Kind die Geheimschrift kennt, verfügt es über sehr wertvolles Wissen: Mit diesem Wissen kann es EXKLUSIVE INFORMATIONEN bekommen und mit anderen „Eingeweihten" austauschen. Exklusiv sind diese Informationen immer dann, wenn nicht alle Menschen die „Geheimschrift" lesen können. Philosophieren Sie mit den Kindern darüber, WARUM Menschen eigentlich die Schrift erfunden haben? Was sind die Vorteile von Schrift? Warum ist das Erlernen des Schreibens und Lesens eines der ersten Dinge, die in der Schule gelernt werden? Wo finden sich im Alltag Schriftzeichen? Kennen die Kinder

Geheimschriften, die sie nicht lesen können (etwa chinesische, arabische oder ägyptische Zeichen)? Wie würde eine Welt ohne Schrift aussehen?

Ein schöner Tag…

Immer wieder bekomme ich von Kindern auf meine Frage: „Was ist der Unterschied zwischen Kindern und Erwachsenen?“ Antworten wie: „Die Erwachsenen haben viel mehr Pflichten!“ oder „Die Erwachsenen machen viel öfter Dinge, die ihnen keinen Spaß machen“ oder „Kinder spielen mehr als die Erwachsenen“.

Ich bin davon überzeugt, dass Kinder SEHR GUT SPÜREN, wann Erwachsene Dinge tun, die ihnen eigentlich „keinen Spaß machen“. Umgekehrt neigen Kinder zu Beschäftigungen, die ihnen SPAß machen (auch eine NICHT-BESCHÄFTIGUNG, also Ausruhen, zählt dazu!), wenn MAN SIE LÄSST. Doch auch der kindliche Alltag ist von einer Vielzahl an VER-PFLICHTUNGEN geprägt. Die wichtigste Ver-Pflichtung ist dabei die SCHUL-PFLICHT. Daneben durchlaufen die Kinder mancher überehrgeiziger Eltern einen wahren PFLICHT-TERMIN-MARATHON (Ballett, Gesangsstunden, Klavier-Unterricht, Chinesisch-Unterricht etc.)

Philosophieren mit Kindern versucht herauszufinden, was Kinder WIRKLICH WOLLEN, fernab von SOZIAL ERWÜNSCHTEN ANTWORTEN, also Antworten, bei denen die Kinder immer eine Art INNEREN RICHTER (in Form der Mutti, des Lehrers etc.) auf der Schulter zu sitzen haben.

WIE FINDEST DU MEINEN NEUEN HUT?
ECHT TOLL!! SUPER!
SIEHST DU DAMIT ABER LUSTIG AUS!
WAS DENKST DU ÜBER... ???
SOZIAL ERWÜNSCHTE ANTWORT
„ECHTE" ANTWORT
DIESE GILT ES ZU OFFEN-BAREN

SPIEL: Ein schöner Tag

SCHULE, FAMILIE usw.
Alter: ab 8 Jahren

VORBEREITUNG: Für dieses GEDANKEN-SPIEL brauchen Sie keine Vorbereitung. Für komplette Schulklassen ist das Spiel eher ungeeignet. Es funktioniert eigentlich nur 1:1.

Dieses Spiel versucht herauszufinden, was für ein einzelnes Kind ein wirklich „schöner Tag" wäre. WAS WÄRE FÜR DICH EIN SCHÖNER TAG? Das soll die philosophische Frage im Spiel sein.

In den allermeisten Fällen kommen Sie mit einem Kind NICHT ins Philosophieren über diese Frage, wenn Sie es DIREKT fragen!

Probieren Sie es lieber mit dem KINO-FILM-TRICK. Sagen Sie dem Kind, dass es der REGISSEUR eines KINOFILMS sein darf. Der Titel des Kinofilms: EIN SCHÖNER TAG. Auch die HAUPTROLLE in diesem Film kann das Kind spielen. Der Kinofilm soll sich ganz um das einzelne Kind drehen. Für einen Tag soll ALLES SCHÖN sein. Geben Sie dem Kind das Gefühl, ein VOLLKOMMEN FREIER REGISSEUR zu sein.

Meistens ist es völlig unvorhersehbar, welche Antworten von den Kindern kommen. (Manche Kinder wünschen sich, sie könnten einen ganzen Tag lang Modelleisenbahnen bauen und beobachten. Andere Kinder würden am liebsten einen Tag mit ihrem toten Opa verbringen wollen. Einige würden einen echten Spaß-Tag planen mit Achterbahn-Besuchen, Eis-Schlemmen, Go-Cart-Fahren, Videospiele spielen…)

Die Kunst bei diesem Spiel besteht erstens darin, dem Kind die PHILOSOPHISCHE ATMOSPHÄRE bieten zu können, dass es von seinem „schönen Tag“ berichtet. Und zweitens sollten Sie sich hüten, den „Kinofilm“ des Kindes sozial zu bewerten und in Kategorien einzupressen! Wenn Sie die Aussage eines Kindes wie „Am liebsten würde ich an diesem schönen Tag richtig laaaange ausschlafen und…“ unterbrechen mit „Das könnte dir so passen!“ dann zerstören Sie schon im Ansatz das Philosophieren darüber, was wirklich ein schöner Tag für ein einzelnes Kind bedeuten könnte.

Versuchen Sie im Anschluss an den „Kino-Film“ des Kindes über Inhalte des Films zu philosophieren. Gelingt es dir, manchmal diesen schönen Tag wirklich zu leben? Wenn ja, wann? Wie oft? Wenn nein, macht es dich traurig? Gibt es SZENEN, AUSSCHNITTE aus diesem Film, die du bereits leben und genießen kannst? Wie könnten Teile deines Films Wirklichkeit werden? Worauf hast du Einfluss? Was davon kannst DU bestimmen? Worauf haben andere Menschen oder andere Bedingungen Einfluss? Was meinst du?

TIPP: Nicht nur ein Tag kann „schön“ sein. Philosophieren Sie mit Kindern doch einmal auch über die Frage, was sie sonst als „schön“ und „hässlich“ empfinden. So öffnen Sie das Tor zur ÄSTHETIK.

Die Kraft der Musik

Gibt es ein Lied, das Ihnen sehr viel bedeutet? An welches Lied denken Sie da spontan? Haben Sie ein Lieblingslied oder viele Lieblingslieder? Was verbinden Sie mit diesem Lied oder diesen Liedern? Gab es besondere Momente in Ihrem Leben, die unmittelbar mit Musik verbunden waren?

Musik vermag es, uns Menschen zu rühren, zum Lachen und Weinen zu bringen, uns zu trösten, zu motivieren, uns zum Nachdenken anzuregen, zu inspirieren. Bei manchen Liedern haben wir gar das Gefühl, dass sie eigens für uns geschrieben wurden. Jedes Lied kann ein wertvolles Kunstwerk sein. Unsere Lieblingslieder berühren uns im Innersten. Wir können bei Musik abschalten, den Alltag hinter uns lassen oder zu ihr feiern. Zu jedem Anlass gibt es „passende" Musik. So individuell wie die Menschen sind, ist auch die Musik, die sie hören. Auch die jüngsten Erkenntnisse der Gehirnforschung zeigen die enorme Kraft der Musik, unsere Emotionen in bestimmte Richtungen lenken zu können. Musik kann als Katalysator wirken und bereits vorhandene Emotionen verstärken. Andererseits kann Musik selbst auch bestimmte Emotionen hervorrufen.

Was hat Musik mit dem Philosophieren mit Kindern zu tun? Ich denke, dass MUSIK ein hervorragender ZUGANG zu Kindern und ihren Gefühlen und Gedanken ist. Viele Kinder und Jugendliche haben ihre „besonderen" Lieblingslieder. Musik spielt bereits in der Kindheit eine große Rolle. Manche Kinder und Jugendliche spielen selbst Instrumente, singen im Chor oder sind Mitglieder einer Band. Durch den obligatorischen Musikunterricht in der Schule, durch das Radio und Fernsehen, ist Musik ein täglicher Begleiter in der Welt der Kinder und Jugendlichen.

THEMA: Die Kraft der Musik

SCHULE, FAMILIE usw.
Alter: ab 6 Jahren

VORBEREITUNG: Versuchen Sie im Vorfeld herauszufinden, was die einzelnen Kinder gerne hören. Die Kinder können auch ihre „LIEBLINGS-STÜCKE“ mitbringen (gerade in Schulklassen empfiehlt sich das).

Sprechen Sie mit den Kindern und Jugendlichen über ihre Lieblingsmusik. Welche Musikrichtung bevorzugen sie? Gibt es bestimmte Künstler, die sie lieben? Was gefällt ihnen an der Musik so gut? In welchen Situationen hören sie die Musik? Gibt es vielleicht auch besondere Momente und Erlebnisse, die sie mit Liedern verbinden? Spielen Sie (wenn möglich) auch Lieder vor.

Dabei ergibt sich die Chance, über einzelne Lieder zu philosophieren. Einige Lieder spielen ohnehin mit ihrem Text in einer sehr philosophischen Weise! Dort finden Sie zig Anknüpfungspunkte! Es steckt schon im Namen der „Musik“ – sie ist etwas sehr MUSISCHES!

Doch nicht nur über einzelne Lieder können Sie wunderbar mit Kindern und Jugendlichen philosophieren. Sie können auch die Musik ganz allgemein zum Einstieg ins Philosophieren nehmen. Warum hören Menschen eigentlich Musik? Warum ist Musik im Leben so vieler Menschen ein wichtiger Bestandteil? Warum können so viele Menschen ohne Musik nicht leben?

Ein Leben lang auf einer einsamen Insel?

Fast alle Kinder und Jugendliche machen irgendwann einmal mit MOBBING Erfahrung. Entweder als Opfer oder als Täter. Dabei gibt es viele Abstufungen und Schattierungen. Das Spektrum reicht von leichten Sticheleien, bis hin zu extremen Formen von psychischer und physischer Gewalt. Es gehört zu den Grundthemen der Philosophie, danach zu fragen, WIE Menschen ZUSAMMENLEBEN, WARUM es KONFLIKTE gibt und WAS das BESONDERE an zwischenmenschlichen Beziehungen ist.

THEMA: Ein Leben lang auf einer einsamen Insel?

SCHULE, FAMILIE usw.
Alter: ab 8 Jahren

VORBEREITUNG: Besorgen Sie sich eine Luftaufnahme von einer (Südsee)Insel. Dieses Bild soll die Fantasie des Kindes anregen. Am besten wäre das Bild einer Insel, die groß genug sein könnte, um dort alleine zu leben.

Nehmen Sie das Bild zum Anlass um eine kleine PHILOSOPHISCHE REISE mit einem Kind oder einigen Kindern zu unternehmen. Sagen Sie etwa: „Stellt euch vor, ihr müsstet euer ganzes Leben auf dieser Insel verbringen. Für alles wäre gesorgt. Ihr müsst euch um nichts kümmern. Ihr hättet genug zu Essen und zu Trinken, genug Sachen im Kleiderschrank und ihr wohnt in einem kleinen Häuschen. Das einzige Problem wäre: Die Insel ist völlig menschenleer und niemand weiß, wo ihr seid. Ihr wäret gezwungen, ein ganzes Leben alleine zu verbringen. Ein Leben ohne andere Menschen. Wie wäre das für euch? Wie würde ein Leben ohne andere Menschen aussehen? Wie würde dieses Leben sein?"

Sammeln Sie die Antworten der Kinder und Jugendlichen. Was assoziieren sie mit einem Leben ohne andere Menschen? Was wären die Nachteile? Gäbe es vielleicht auch Vorteile? Welche? Warum brauchen die meisten Menschen andere Menschen, um glücklich zu sein? Und warum ziehen einige Menschen ein Leben allein und abseits der Gesellschaft vor?

Philosophieren Sie auch über die Rolle der Familie (hier werden die ersten und meistens wichtigsten sozialen Erfahrungen gemacht). Gibt es auch besonders wertvolle Beziehungen der Kinder zu anderen Menschen? Philosophieren sie gemeinsam unbedingt über diese Beziehungen! Was ist das Einmalige, Besondere, Wertvolle an diesen Beziehungen? Warum sind uns manche Menschen NÄHER als andere? Sie können auch über Liebes-Beziehungen philosophieren. Vielleicht versuchen Sie auch über dynamische Gruppen-Prozesse zu philosophieren. Zeigen Sie, dass es bestimmte Gruppen gibt, die sich voneinander abgrenzen können. Warum gibt es eigentlich Gruppen? Was hält sie zusammen? Zu welchen Gruppen fühlen sich die Kinder und Jugendlichen zugehörig?

Ist unsere Natur „natürlich“?

Keine Kraft hat die Erde in den letzten Jahrhunderten so sehr geformt, wie die Kraft des Menschen. Es gibt kaum einen Winkel der Erde, der nicht in irgendeiner Weise von Menschen beeinflusst worden wäre. Es war und ist der MENSCHLICHE WILLE, der Häuser baut, Wälder anlegt und zerstört, Straßen und Bergwerke kreiert und Abfälle produziert, Computersysteme, Fabrikhallen, Pflanzenzucht und Nutztiere – und nicht zuletzt die menschengemachte Veränderung des globalen Klimas. Der Atmosphärenchemiker Paul Crutzen spricht sogar von einem „Anthropozän“. Das „Menschenzeitalter“ hat begonnen: Nichts verändert unseren Planeten so sehr wie unser menschlicher Einfluss.

THEMA: Ist unsere Natur „natürlich“?

SCHULE, FAMILIE usw.
Alter: ab 10 Jahren

VORBEREITUNG: Planen Sie einen kleinen Ausflug. Besuchen Sie zusammen mit den Kindern beispielsweise einen kleinen See, einen Wald, einen Bach, Fluss, Felder – egal was, Hauptsache „Natur“.

Betrachten sie gemeinsam bei diesem Ausflug die Natur. Wo ist der menschliche Einfluss DIREKT zu sehen? (Kiefernwälder, die in Reihenform stehen, auf dem Reißbrett gezogene Felder und Wiesen-Parzellen, Gartenkolonien etc.) Wo ist menschlicher Einfluss INDIREKT zu beobachten? (Führt vielleicht zu einem „natürlich" scheinenden See ein Graben? Befinden Sie sich an einem Bagger-See? Ohne menschlichen Einfluss gäbe es diesen See erst gar nicht! Wird der Wald, in dem Sie sich gerade befinden, regelmäßig durchforstet? Wird das Meer von großen Fangflotten nach Fischen durchsiebt?)

Es gibt in Deutschland kaum eine Natur-Nische, die wirklich „natürlich" ist, im Sinne von „ungenutzt", „ursprünglich". Wenn es einzelne „Natur-Oasen" gibt, dann sind auch diese „Oasen" Inseln, über die der menschliche Wille verfügen kann, nur dass er sie eben in Ruhe lässt. Auch global gesehen, gibt es wenig „WILDE NATUR". Wo sie existiert (etwa der Regenwald), ist sie ständig vom Menschen bedroht. Andererseits ist die GEPLANTE NATURNUTZUNG ein wahrer SEGEN für uns Menschen: Technischer und medizinischer Fortschritt, Reduzierung von Hungerkrisen oder die Vermehrung des Wissens wären ohne die systematische Naturnutzung NIE MÖGLICH gewesen.

Philosophieren Sie über diese NATUR-AMBIVALENZ. Bei dem Ausflug werden sich dazu verschiedene Möglichkeiten ergeben.

TIPP: Vielleicht können Sie im Vorfeld auch herausfinden, welche Natur-Orte von den Kindern und Jugendlichen bevorzugt werden, was sie interessiert.

Kann man nicht nicht kommunizieren?

Als philosophischen Einstieg in das Thema der „KOMMUNIKATION“ empfehle ich folgendes Spiel, das meistens super bei Kindern und Jugendlichen ankommt. Besonders in Schulklassen lässt es sich gut spielen.

SPIEL: Kann man nicht nicht kommunizieren?

SCHULE usw.
Alter: ab 10 Jahren

VORBEREITUNG: Sie brauchen keine.

Zwei Kinder sollen sich direkt gegenüber setzen und dabei anschauen. Optimal wäre ein Abstand von ein oder zwei Metern. Der Rest der Klasse kann aufmerksam die beiden „Versuchskaninchen“ beobachten. Wenn beide Kinder ihre Plätze eingenommen haben, geben Sie diese Aufgabe:
„Versucht für zwei Minuten, nicht zu kommunizieren. Weder mit euch beiden, noch mit mir oder mit der Klasse. Versucht einfach einmal, nicht zu kommunizieren.“

Werten sie gemeinsam anschließend die Beobachtungen der Schüler aus. Gelang es den beiden, nicht zu kommunizieren? Hat einer von beiden vielleicht die Augen geschlossen, war ganz still oder hielt sich gar noch die Ohren zu? Ging ein „Versuchskaninchen“ vielleicht aus dem Raum oder schaute stoisch aus dem Fenster?

Meistens merken es die Kinder von alleine: Man kann NICHT nicht kommunizieren. D.h. jeder von uns sendet zu jeder Zeit SIGNALE an die Umwelt aus. Immer. Dabei umfasst Kommunikation nicht nur die VERBALE Kommunikation, sondern auch die NON-VERBALE Kommunikation (Körpersprache, Sitzposition usw.) Philosophieren Sie darüber, dass selbst in den zwei Minuten, in denen sich die zwei Kinder gegenüber saßen, Signale ausgesendet wurden. Wenngleich ein Kind den Raum verließ, sandte es damit etwas aus – es kommunizierte.

Zeigen Sie auch, dass es einen riesigen Unterschied macht, WIE man etwas sagt. „Guten Morgen!“ kann gekünstelt vorgegaukelt werden – es verkommt so zur Floskel. Jemand, der Sorgenfalten im Gesicht hat und dennoch sagt: „Mir geht es gut, alles ist okay!“ wirkt unglaubwürdig.

Philosophieren Sie mit Kindern und Jugendlichen UNBEDINGT über das Thema der „Kommunikation“. Es lohnt sich! Kinder haben meistens sehr früh ein Gespür für BOTSCHAFTEN, ob sie ehrlich gemeint sind oder falsch daherkommen. Knüpfen Sie auch beim Kommunikations-Thema an kindliche Erfahrungen und Beobachtungen an. Was ist das Besondere an der menschlichen Kommunikation? Wie kommunizieren Menschen miteinander? Wie gehen sie dabei miteinander um? Sammeln Sie die kindlichen Assoziationen zu diesem Thema mit einem offenen, wachen Geist.

Armes Häschen, bist du krank…

Was ist eigentlich GESUND? Und was ist KRANK? Fühlen Sie sich gesund? Jetzt? Was ist das denn: GESUNDHEIT und KRANKHEIT? Die Verfassung der Weltgesundheitsorganisation definiert „Gesundheit" so:

„Die Gesundheit ist ein Zustand des vollständigen körperlichen, geistigen und sozialen Wohlergehens und nicht nur das Fehlen von Krankheit oder Gebrechen."[4]

Und? Sind Sie nach dieser Definition „gesund"? Kann man überhaupt VOLLSTÄNDIG gesund sein? Der Soziologe Aaron Antonovsky (1923-1994) meinte, man sei NIEMALS VOLLSTÄNDIG KRANK und NIEMALS VOLLSTÄNDIG GESUND. Wir Menschen bewegen uns zwischen zwei extremen Polen: dem der absoluten Gesundheit und dem Pol der absoluten Krankheit.

Ich bin davon überzeugt, dass man sich den Begriffen von „Krankheit" und „Gesundheit" eigentlich nur auf PHILOSOPHISCHE WEISE nähern kann. Was wir unter den Begriffen verstehen, ist von KULTUR, SOZIALEM UMFELD und HISTORISCHEM KONTEXT abhängig.

---

[4] http://www.admin.ch/ch/d/sr/i8/0.810.1.de.pdf, Zugriff am 10. Juni 2011

TIPP: Statistisch gesehen gehören Kinder zu der „gesündesten“ Bevölkerungsgruppe. Dennoch hat (fast?) jedes Kind Erfahrungen mit Krankheiten gemacht.

SPIEL/ THEMA: Armes Häschen, bist du krank…

SCHULE, FAMILIE usw.
Alter: ab 6 Jahren

VORBEREITUNG: Auch für dieses Thema brauchen Sie keine umfangreiche Vorbereitung.

In Schulklassen hat sich folgendes Mini-Spiel bewährt: Alle Kinder stehen auf. Eine Seite des Raumes steht für „Ich fühle mich vollkommen wohl! Alles ist prima!“ Die gegenüberliegende Seite repräsentiert den negativen Pol: „Ich fühle mich schrecklich. Mir könnte es nicht schlimmer gehen…“

Wie fühlen sich die Kinder GERADE in DIESEM MOMENT? Fragen Sie nach, was mit denjenigen Kindern los ist, die sich eher dem negativen Pol zuordnen. (Bauchschmerzen, Kopfweh, Angstzustände?) Fragen Sie auch die Kinder, die sich in Richtung der „positiven Wand“ zugeordnet haben. Ist heute etwas besonders Schönes passiert? Freuen sie sich über etwas Konkretes? Oder ist vielleicht heute eine Erkältung endlich wieder richtig auskuriert worden?

Nachdem Sie herausgefunden haben, wie sich die Kinder GERADE JETZT fühlen, können Sie sich Momente im Leben der Kinder erzählen lassen, in denen sie sich

„pudelwohl" gefühlt hatten. Wann waren die Kinder so richtig gesund? Und wann waren sie besonders krank? Lassen Sie sich die vielen Geschichten erzählen. Mit Sicherheit ist einiges Spannendes dabei. Philosophieren sie gemeinsam auch darüber, WAS GESUNDHEIT eigentlich ist? Sie können beispielsweise Sätze vervollständigen lassen, wie: „Ich fühle mich total wohl, wenn…". Philosophieren sie umgekehrt über das Wesen von „Krankheit". Was ist eigentlich Krankheit?

Total interessant ist es auch, mit Kindern über Faktoren zu sprechen, die ihnen helfen, gesund zu bleiben. Was oder wer tut dir gut? Wann fühlst du dich besonders wohl? Wann ist alles super?

TIPP: Auch bei diesem Thema ist es wie bei allen Spielen und Themen wichtig, dass Sie alles PHILOSOPHISCH OFFEN gestalten. Es gibt keine allgemein „richtigen" oder „falschen" Antworten auf die Frage, was ist „Gesundheit" und was ist „Krankheit" (selbst die Definition der WHO muss nicht stimmen!). Lauschen Sie einfach den kindlichen Vorstellungen, ohne sie direkt zu bewerten.

Ich sehe was, was du nicht siehst…

Vielleicht kennen Sie diese Situation: Sie betrachten ein Bild (ein Gemälde, eine Collage oder ähnliches…) in einer Galerie, einem Museum oder einem Bildband. Von diesem Bild wiederum BILDEN SIE sich ein Bild. Wie finden Sie es: schön, hässlich, tolle Farbgestaltung, verwirrend, etc.? Aber: Was hat wohl DER KÜNSTLER MIT DIESEM BILD ZEIGEN WOLLEN? Was hat der Künstler gemeint? Wollte er ÜBERHAUPT etwas zeigen? Besonders bei „modernen" und „abstrakten" Bildern frage ich mich das oft: Was mag das bedeuten? Ein Bild kann bei unterschiedlichen Betrachtern unterschiedliche Gefühle wecken. Folgendes Spiel kann sowohl Kindern als auch Erwachsenen Spaß machen:

SPIEL: Ich sehe was, was du nicht siehst…

SCHULE, FAMILIE usw.
Alter: ab 9 Jahren

VORBEREITUNG: In diesem Spiel geht es um RÄTSELBILDER. Stellen Sie den Kindern also Papier und genügend Bleistifte, Buntstifte und Tuschkästen zur Verfügung.

Die Aufgabe lautet:
Zeichnet/malt ein Rätselbild. Ihr könnte alles zeichnen/malen, was ihr wollt. Nur ihr kennt die Bedeutung von

dem, was ihr gestaltet. Für die anderen ist es erst einmal ein Rätsel, was ihr gezeichnet oder gemalt habt…

Im Anschluss sammeln sie die künstlerischen Werke ein. Am besten eignet sich ein gemütlicher Sitz-Kreis, von dem alle Kinder einen guten Blick auf das jeweilige Bild haben. Legen Sie Bild für Bild in die Mitte (möglichst ohne das Kind zu „verraten“, welches das Bild gestaltete). Was hat der Künstler wohl auf diesem Bild dargestellt? Was wollte er zeigen? Gibt es VERSCHIEDENE DEUTUNGEN? Oder EINIGEN sich alle Kinder auf eine Deutung? Nur so kann es gemeint sein? Der Künstler sollte zum Schluss noch die Möglichkeit bekommen, über sein Kunstwerk zu berichten. Was hat er sich dabei gedacht? Hat er überhaupt etwas Bestimmtes zeichnen wollen?

Mit diesem Rate-Spiel können Sie hervorragend zeigen, dass es nicht nur EINE mögliche Deutung einer Sache (in diesem Fall ein Bild) gibt, sondern X-BELIEBIGE Deutungen.

Reise, Reise…

Wohin sind Sie zuletzt gereist? War es eher ein kleiner Ausflug? Haben Sie eine Städtereise unternommen? Oder war es ein reiner Erholungsurlaub? Haben Sie schon einmal darüber nachgedacht, was am Reisen philosophisch sein könnte?

THEMA: Reise, Reise…

SCHULE, FAMILIE usw.
Alter: ab 6 Jahren

VORBEREITUNG: Sie benötigen eine große LANDKARTE der Erde, möglichst mit gut erkennbaren Ländergrenzen und –bezeichnungen (vgl. auch das Spiel: „Die Welt auf einem Tisch") Neben der Welt-Karte wäre eine DEUTSCHLAND-KARTE nicht schlecht. Zudem brauchen Sie kleine Fähnchen und eine große Styroporplatte, auf der Sie die beiden Karten befestigen können.

Fragen Sie die Kinder, in welchen Ländern der Welt und Regionen in Deutschland sie schon waren. Die Kinder können diese Länder und Regionen mit den Fähnchen markieren (helfen Sie als kundiger Geograf bei Bedarf) und hören Sie sich die Reiseerlebnisse und –eindrücke an. Sie können im Vorfeld auch ankündigen, dass Sie ein Reise-Spiel machen wollen und die Kinder bitten, ein paar Reisebilder mitzubringen (wobei natürlich die

Intimsphäre der Kinder und der Familie gewahrt werden sollte!

Philosophieren sie gemeinsam über solche Fragen: Warum verreisen eigentlich Menschen? (Neugier als ein Motiv, genau wie bei der Philosophie!) Was ist das Besondere beim Verreisen? Kann man etwas von anderen Ländern und Kulturen lernen? Wenn ja, was? Ist Reisen eher mühsam oder eher entspannend? Welche Erfahrungen hast du gemacht? Was interessiert dich am Reisen? Welche Eindrücke hattest du von einzelnen Ländern und Regionen? War nach der Rückkehr, als du wieder zuhause warst, etwas anders für dich? Was?

Die Welt aus Bausteinen

SPIEL: Die Welt aus Bausteinen

SCHULE, FAMILIE usw.
Alter: ab 7 Jahren

VORBEREITUNG: Sie benötigen für die Kinder jede Menge LEGO-Steine (natürlich können Sie auch ein ähnliches Produkt nehmen!)

Lassen Sie die Kinder nach Lust und Laune mit den LEGO-Steinen spielen. Sie bauen vielleicht Burgen und Häuser, Autos und Feuerwehrstationen – die Kinder können ihrer Fantasie freien Lauf lassen.

Dabei ergibt sich die Möglichkeit, mit Kindern einzeln ins Philosophieren zu kommen: Ein größeres GANZES (etwa eine Burg) besteht aus vielen kleinen EINZELTEILEN oder BAUSTEINEN. Was sind denn die Bausteine einer echten Burg? Lassen sich diese Bausteine weiter zerlegen? Woraus besteht ein Ziegel? Kann der Ton wiederrum weiter zerlegt werden? Aus welchen „Bausteinen“ besteht ein Auto? Woraus besteht eigentlich ein Mensch? Die Kinder könnten beispielsweise verschiedene „Menschen-Bausteine“ nennen (Hand, Kopf, Beine, Herz, Augen). Was könnten die KLEINSTEN BAUSTEINE sein? Was passiert, wenn man etwas immer weiter ZERTEILT? Kommen Kinder vielleicht von selbst auf die Idee der ATOME oder haben sie von dieser Idee gehört?

Der Sinn des Lebens

Das ist DIE philosophische Frage überhaupt: Hat das Leben einen Sinn? Wenn ja, welchen? Ist es eigentlich SINNVOLL, nach einem SINN zu fragen?

Wenn Menschen nach dem „Sinn des Lebens" fragen, meinen sie meistens den Sinn des MENSCHLICHEN LEBENS. Das Leben an sich strebt ganz allgemein gesprochen nach SELBSTERHALTUNG, nach FORTPFLANZUNG und nach Befriedigung von BEDÜRFNISSEN. Nun lässt sich hervorragend darüber philosophieren, ob das menschliche Leben noch einen anderen Sinn haben könnte. Gibt es nicht eine SEHNSUCHT nach Sinn als menschliche Kulturkonstante? RELIGIONEN (und auch Weltanschauungen) etwa halten SINN-ANGEBOTE bereit.

Richtig spannend wird es, wenn man Kinder nach dem Sinn des Lebens fragt.

THEMA: Der Sinn des Lebens

SCHULE, FAMILIE usw.
Alter: ab 9 Jahren

VORBEREITUNG: Auch hier benötigen Sie keine.

Wichtig ist bei diesem Thema eigentlich nur eins: Passen Sie (wieder einmal) den RICHTIGEN MOMENT ab. Es sollte eine angenehme, ungezwungene Atmosphäre sein, in der Sie mit Kindern (unter anderem) über den Sinn des Lebens philosophieren können. Das muss NICHT unbedingt das gemeinsame Beobachten eines Sonnenuntergangs am Meer sein (obwohl das natürlich wunderschön sein kann…) Schauen Sie einfach, wie es sich individuell anbietet.

Fragen Sie das Kind beispielsweise direkt: Was meinst du, ist eigentlich der Sinn DEINES Lebens? Gemeinsames Philosophieren über diese Frage kann sehr fruchtbar sein.

Interessante „Zusatz"-Fragen könnten auch sein: Und was meinst du, ist der Sinn des menschlichen Lebens ganz allgemein? Haben viele Erwachsene einen anderen Sinn ihres Lebens als Kinder? Was meinst du, ist der Sinn des Lebens von vielen Erwachsenen? (Hier habe ich schon die kuriosesten Antworten gehört!)

TIPP: Wohlmöglich interessiert dieses Thema einzelne Kinder nicht. Wie bei jedem SPIEL/THEMA schauen Sie einfach, wie es bei den Kindern und Jugendlichen ankommt. Merken Sie, dass Sie auf wenig Interesse stoßen, kann das entweder am INHALT (zu langweilig, nicht lebensweltnah, etc.) oder an der FORM (schlechte Vermittlung, unpassender Moment, etc.) liegen.

Was ist das Faszinierende des Internets?

Keine technische Innovation hat unser Leben in den letzten Jahren so sehr beeinflusst wie die VerNETZung der Menschen untereinander. Der E-Mail-Verkehr hat unsere KOMMUNIKATION radikal verändert. (Wobei es wiederrum eine philosophische Frage ist, ob diese neue Art der Kommunikation „gut“ oder „schlecht“ ist...) Globale Plattformen wie FACEBOOK unterhöhlten diktatorische Staaten und unterstützen z.B. den Arabischen Frühling. WIKIPEDIA sammelt das global verfügbare menschliche Wissen ein und macht es in einer urdemokratischen Form für jedermann nutzbar. (Voraussetzung: Internet-Zugang und Alphabetisierung…) Das Internet birgt auch Risiken: die Veröffentlichung von sensiblen persönlichen Daten und deren möglicher Missbrauch gehören dazu. Ich meine, dass die POTENTIALE des Internets die RISIKEN bei weitem überwiegen. Nicht umsonst ist das Internet für Kinder und Jugendliche heute ein gigantisches Spiel-Feld. In der Lebenswelt von Kindern und Jugendlichen nimmt das Internet einen immer größer werdenden Platz ein. Die in den letzten zwanzig Jahren geborenen Menschen gehören zur ersten Generation, die eine Welt ohne Internet gar nicht mehr kennt. Was liegt da näher, als auch über das Internet zu philosophieren?

THEMA: Was ist das Faszinierende des Internets?

SCHULE, FAMILIE usw.
Alter: ab 8 Jahren

VORBEREITUNG: Sie benötigen einen Computer mit Internetanschluss.

Lassen Sie sich von Kindern ihre LIEBLINGS-INTERNET-SEITEN zeigen. Welche Seiten besuchen die Kinder und Jugendlichen am häufigsten? Was ist das Geniale an diesen Seiten? Warum werden diese Seiten so oft aufgerufen? Was macht sie so beliebt? Sprechen Sie mit Kindern darüber, was sie an den einzelnen Internet-Seiten (oder am Internet generell) so sehr fasziniert.

Philosophieren sie gemeinsam darüber, wie eine WELT OHNE INTERNET wohl aussehen würde. Was wäre anders? Was wäre schwieriger? Gäbe es auch VORTEILE in einer Welt ohne Internet?
Philosophieren sie auch über die ENTWICKLUNG und die ZUKUNFT des Internets. Wie wird sich das Internet wohl entwickeln? Was wird in zwei, drei oder in zehn Jahres vielleicht anders sein? Was wird möglich sein?

Wenn Sie mit Kindern und Jugendlichen über das Internet sprechen und philosophieren, haben Sie automatisch einen hervorragenden Zugang zu ihren LEBENSWELTEN. Dabei können sie auch über die GEFAHREN des Internets sprechen. Ich empfehle aber, die GEFAHREN nicht andauernd in den Vordergrund zu rücken! So verbauen Sie sich nur das freie Philosophieren über die Welt des Internets und erreichen gar nichts!

Mobile Menschen

Unser westlicher FREIHEITS-Begriff ist (unter anderem) sehr stark an die MOBILITÄT gebunden. Frei sein für… Das heißt für die meisten Europäer und Amerikaner auch immer dorthin gehen, fahren, fliegen, schwimmen zu können, wo sie nun gerade hinmöchten. Mobil sein heißt, beweglich zu sein. Stillstand, Nicht-Mobilität macht vielen Menschen Angst. (Wobei diese Angst wiederrum philosophisch hochinteressant ist…) Und auch für Kinder und Jugendliche spielen Fragen der Mobilität eine große Rolle. Kinder und Jugendliche sind Verkehrsteilnehmer. Entweder „PASSIV“ im Schulbus, auf dem Beifahrersitz, im Flugzeug auf dem Weg in den Urlaub oder in der Bahn/ U-Bahn/ Straßenbahn oder „AKTIV“ als Fußgänger, auf dem Fahrrad oder dem Skateboard…

THEMA: Mobile Menschen

SCHULE, FAMILIE usw.
Alter: ab 8 Jahren

VORBEREITUNG: Auch hier benötigen Sie keine.

Überlegen sie zusammen, wann und wie die Kinder und Jugendlichen „mobil“ sind. Wo findet sich das Thema „Mobilität“ im Alltag? Philosophieren sie gemeinsam darüber, warum Menschen eigentlich mobil sind? Warum bewegen sie sich? Wohin bewegen sie sich?

Coole Schule

Es ist so offensichtlich, wie bedeutsam: In der Schule verbringen die Kinder und Jugendlichen (durch die SCHUL-PFLICHT) einen Großteil ihres LEBENS. Selbst außerhalb der Schule sind SCHULISCHE THEMEN (Hausaufgaben, gute und schlechte Lehrer, Lernen für Tests etc.) dauernd präsent. ALLES, was in der Schule passiert (oder nicht passiert), BEEINFLUSST und PRÄGT Kinder und Jugendliche für ihr GESAMTES LEBEN!

Ich habe die Erfahrung gemacht, dass mitnichten „Bildungsexperten", „Kultusminister" oder „Pädagogik-Professoren" diejenigen sind, von denen man kluge Gedanken über „Bildung" und „Schule" hören kann. Es sind die KINDER SELBST. Nur meistens fragt man sie nicht! Es war und ist für mich sehr spannend, mit Kindern über die Schule und Lehrer zu philosophieren.

TIPP: Überlegen Sie als allererstes wie Ihr EIGENES (!) VERHÄLTNIS zur Schule war. Was gab Ihnen die Schule positives? Was war negativ? Welche Erfahrungen haben Sie in der Schule gemacht? Was haben Sie gelernt? Was haben Sie NICHT gelernt? An welche Lehrer erinnern Sie sich? An welche SCHLECHTEN Lehrer erinnern Sie sich? Welche Lehrer haben Sie inspiriert? Welche waren GENIAL?

Achten Sie darauf: Wenn Sie mit Kindern und Jugendlichen über die Schule und Lehrer philosophieren, sind Sie fast immer in Gefahr, Ihre EIGENEN Erfahrungen zu verALLGEMEINern. Die Erfahrungen, die Sie mit „Schule“, „Bildung“, „Erziehung“, „Unterricht“, „Lernen“ usw. machten, müssen nicht die Erfahrungen eines einzelnen Kindes sein oder für dieses Kind gelten!

THEMA: Coole Schule

SCHULE, FAMILIE usw.
Alter: ab 9 Jahren

VORBEREITUNG: Auch hier benötigen Sie keine.

In welcher Form Sie mit Kindern und Jugendlichen genau das Thema „Schule“ philosophisch betrachten, sei natürlich Ihnen überlassen.

Als „Einstieg“ können Sie etwa darüber philosophieren, was Kinder an der Schule GUT finden und was SCHLECHT. Freunde treffen zu können, in den Pausen spielen und erzählen zu können, gehört natürlich mit zur Schule! Eine Aussage wie: „Nichts ist gut an der Schule! Nur die Ferien sind toll!“ steckt voller philosophisch wertvoller Hinweise. Fragen Sie nach. Was steckt hinter solchen Aussagen? Welche Erfahrungen machen die Kinder und Jugendlichen mit einzelnen Lehrern?

Philosophieren Sie auch darüber, wie eine „COOLE SCHULE“ aussehen müsste? Was würden Kinder und Jugendliche KONKRET an einer Schule verändern wollen? Es sind dabei ALLE ANTWORTEN willkommen und erwünscht, (auch die Abschaffung der Schule). Beseitigen Sie Denkbarrieren bei sich und den Kindern.

Mit dem Philosophieren über die Schule und alles, was dort passiert, berühren Sie immer auch EXISTENTIELLE Themen, Anliegen und Erfahrungen der Kinder. Auch hier können Sie an UNGLAUBLICH VIELES anknüpfen, denn das Thema „Schule“ bewegt JEDES Kind (egal ob positiv oder negativ)!

Was kommt nach dem Tod?

Mit Kindern (und auch Erwachsenen) über den Tod zu philosophieren, kann äußerst heikel werden. Wie geht man an das „Thema Tod“ heran? Ich habe lange überlegt, ob ich dieses Thema überhaupt in das Handbuch nehmen soll und ob es sinnvoll ist, mit Kindern über den Tod zu philosophieren. Ich bin mittlerweile davon überzeugt, dass man auch mit Kindern über den Tod philosophieren KANN, aber nicht MUSS. Viele Kinder werden nämlich sowieso mit dem Tod in irgendeiner Weise konfrontiert. Sei es durch den Verlust der Oma, das Sterben eines Haustieres oder durch die Darstellung des Todes im Fernsehen.

> TIPP: Kinder müssen sich NICHT OFFENSIV mit dem Thema „Tod“ auseinandersetzen. Wenn sie dieses Thema nicht betrifft oder interessiert, brauchen Sie auch nicht darüber zu philosophieren. RATSAM ist das Philosophieren über den Tod immer dann, wenn ein Kind von selbst sich mit diesem Thema auseinandersetzt. (Sei es bei Albträumen nach dem Verlust des Opas oder als neugierige Frage: „Was kommt eigentlich nach dem Tod?“ Oder: „Warum müssen Menschen sterben?“)

THEMA: Was kommt nach dem Tod?

FAMILIE usw.
Alter: ab ? Jahren (Hier will ich nichts „empfehlen“)

VORBEREITUNG: Auch hier benötigen Sie keine.

Philosophieren Sie über den Zusammenhang zwischen LEBEN und TOD, WERDEN und VERGEHEN, KOMMEN und GEHEN. Biologische Gesetzmäßigkeiten gelten nicht nur für Katzen, Hasen, Hunde und Pferde, sondern auch für die Menschen. Menschen können auf verschiedene Weise sterben: Manche verunglücken bei Unfällen, andere sterben nach langer Krankheit. Mit zunehmendem Alter werden die körperlichen Funktionen immer weiter abgebaut. Am Ende dieses Prozesses steht der Tod.

Wenn Sie und das Kind religiöse Bezüge haben, können Sie darauf aufbauen. „Was kommt nach dem Tod?“ kann dann religiös beantwortet werden.

Vielleicht findet das Kind auch von sich aus Antworten auf die Frage, was nach dem Tod kommen mag? Wie stellt sich ein Kind die Zeit (falls es so etwas noch gibt…) nach dem Tod vor? Kommt es auf die Idee eines PARADIESES, eines langen SCHLAFES oder HIMMELS? Philosophieren Sie auch darüber, dass sehr viele Menschen daran glauben, dass mit dem physischen Tod die EXISTENZ nicht einfach „aufhört“, sondern in irgendeiner Weise „weitergeführt“ wird. Versuchen Sie, auf philosophische Weise die Angst vor dem Tod zu nehmen.

Herzlichen Dank!

Bedanken möchte ich mich bei Felix, Nils und Eric, den Familien Deter und Januszewski, die alle wunderbare Bilder zu diesem Buch beigesteuert haben. Vielen Dank auch an Annemarie, für das Fotografieren und für die Zeichnungen. Meinem Vater Andreas Siegmund, Hartmut Wildermuth, Dorothea Cario und Christiane Schmidtgen danke ich für die Durchsicht des Manuskriptes. Für ihre Unterstützung möchte ich auch Joachim Bröcher und meiner Familie herzlich danken.

Institut für Kindheitswissenschaftliche
Bildung und Permation